Le couple, si on en parlait ?

Groupe Eyrolles
61, bd Saint-Germain
75240 Paris cedex 05

www.editions-eyrolles.com

Café Psycho

Le couple, si on en parlait ?

EYROLLES

Sommaire

Sommaire

DEUXIÈME PARTIE

L'éclairage des experts

TROISIÈME PARTIE

Les approches thérapeutiques

Avant-propos

À quelques mètres du Sénat, sur le jardin du Luxembourg, le Café Psycho perpétue la tradition parisienne de ces lieux ayant pour vocation d'ouvrir un public varié, mais toujours curieux, à la richesse des sciences humaines.

Notre *credo* : la psychologie !

Fort de cet adage lacanien selon lequel « l'amour, c'est du miam-miam », notre concept offre une synthèse mi-sérieuse mi-ludique du corps et de l'esprit.

Pourquoi un Café Psycho ?

… parce que l'inflation de la psychologie dans les médias atteste de l'intérêt croissant du public pour cette discipline.

… parce que vous vous posez de plus en plus de questions et que la vulgarisation actuelle de la psychologie reste trop souvent superficielle. De nombreuses zones d'ombre persistent et alimentent craintes et scepticisme. Les psys restent encore, pour beaucoup, ceux qui soignent les fous ou les personnes en crise, alors qu'ils peuvent tout simplement aider à acquérir une meilleure connaissance de soi et un certain mieux-être.

... parce que finalement, la psychologie dépasse largement le simple cadre de la maladie mentale et du soin. Elle permet d'appréhender le monde autrement à partir de ses propres outils théoriques et d'y porter un regard sensible et aiguisé.

L'objectif du Café Psycho est, dès lors, de démythifier la « planète Psy » en communiquant sur ce sujet de manière claire. Ainsi, les diverses activités proposées permettent à chacun de découvrir ce monde à son rythme et à sa convenance. Quelques éléments à savoir :

- le Café Psycho n'est pas un lieu de thérapie de groupe ;

- le Café Psycho ne se substitue en aucun cas à un travail personnel sur soi ;

- le Café Psycho n'est rattaché à aucune association et, encore moins, à un groupe sectaire.

Le Café Psycho est un lieu convivial d'information, de rencontre et d'échange. Il vous accueille avant ou après les activités « psycho », ou tout simplement pour un moment de détente. Vous pouvez y manger à toute heure.

La bibliothèque offre la possibilité de lire ou de relire des classiques de la psychologie et de la psychanalyse, mais aussi de prendre connaissance des nouvelles parutions en la matière.

Tous les jeudis soirs, le café se transforme en lieu d'échange : les « Rencontres du jeudi soir » consistent en une série de conférences organisées autour d'un thème mensuel qui vous concerne. Après un apéritif servi dès dix-neuf heures, vous rejoindrez notre salle de conférence pour assister et participer à une rencontre humaine, une rencontre de genres et d'expériences.

Si nos intervenants sont pour la plupart psychologues ou psychanalystes, nous avons néanmoins souhaité placer le Café Psycho sous
l'égide d'une politique pluraliste. Vous serez ainsi amené à découvrir
les perspectives ouvertes par des philosophes, des artistes, des écrivains sensibilisés à la psychologie.

Libre à vous d'assaisonner vos mets ! Au menu : conférences, ateliers,
débats, lectures…

Pourquoi une collection « Café Psycho » ?

Le Café Psycho s'engage pour que son message franchisse les murs
qui le circonscrivent physiquement et que la psychologie et la psychanalyse restent des disciplines accessibles à tout le monde. En
effet, chacun a le droit d'espérer mieux se comprendre pour mieux
comprendre les autres. La réflexion n'est pas un luxe, c'est un droit.

Cependant attention, le « discours psy » est trop souvent discrédité et
banalisé par des propos réducteurs. La psychologie n'est pas un distri-
buteur de recettes sur demande, c'est un dispositif de recherche, une
méthode d'investigation valide, ainsi qu'une technique d'intervention
éprouvée.

Ainsi est née l'idée d'une collection offrant un discours compréhensible, mais néanmoins professionnel et fiable, qui donnerait à chacun la
possibilité d'emporter chez lui un outil précieux de réflexion.

Les auteurs

Thierry Bisson est psychologue, psychanalyste et maître de conférences en psychologie clinique à l'université de Nice. Ses recherches
actuelles portent sur les aspects psychologiques mis en œuvre au
cours de la grossesse et plus généralement sur le processus de parentalité, qu'il soit « naturel » ou assisté par la médecine, ou bien encore
mis en œuvre par un projet d'adoption.
bisson@unice.fr

Bérangère Casini est professeur de philosophie à Calais. Titulaire
d'un DEA sur Spinoza (La Sorbonne Paris I), elle a participé à de
nombreuses discussions (notamment celles organisées par l'IUFM au
lycée Buffon, et aussi aux Beaux-arts de Calais) et intervient régulièrement au Café Psycho sur des thèmes choisis.
bcasini@hotmail.fr

Cécile Chavel est psychanalyste et psychothérapeute à Paris. Elle
réalise des thérapies individuelles et des thérapies de couple. Diplômée de Sciences-Po et docteur en psychologie et psychanalyse (université Paris VII – Denis-Diderot), elle a enseigné la psychologie. Elle
entreprend actuellement des recherches pour la Fondation pour
l'innovation politique sur les liens entre psychanalyse et politique, sur
la formation de l'identité (dans la relation de l'individu aux autres et
au groupe) et la résolution des conflits.

Manuel Galan est diplômé de psychologie clinique et pathologique, diplômé de psychiatrie légale de l'université de Paris, membre titulaire de la Société française de psychologie, membre d'honneur de l'Association européenne de psychanalyse, membre de l'Académie européenne interdisciplinaire des sciences, Manuel Galan est aussi formateur, metteur en scène, poète et dramaturge. Il anime un « grand débattoir » au Café Psycho sur le thème : « actualité brûlante et affaires diverses ».

Sarah Grizivatz est psychologue clinicienne diplômée de l'université Paris VII – Denis-Diderot. Elle a fait des recherches sur l'art et l'angoisse, et sur l'auto-mutilation. Elle dirige également la collection « Café Psycho ».
cafe-psycho@wanadoo.fr

Geneviève Lefebvre Decaudin est médiatrice, a créé et anime des stages de développement personnel et des groupes d'entraide dynamique de groupe et thérapies psycho-corporelles, systémie familiale, médiation.

Marthe Marandola est formatrice et consultante en communication, prévention et résolution des conflits (études supérieures d'action sociale et culturelle, hautes études de pratiques sociales, systémie familiale, médiation).
marthe.marandola@free.fr
www.aegalité.fr

Marthe Marandola et Geneviève Lefebvre Decaudin pratiquent ensemble la co-médiation et sont chargées de cours à l'institut de formation à la médiation et négociation. Elles reçoivent les familles, les couples et toute personne en difficulté ou interrogation, dans une démarche de prévention des crises. Elles co-animent des ateliers et une formation à l'approche émotionnelle des conflits et de la médiation. Elles sont auteurs de *L'intimité ou comment être vrai avec soi et les autres* aux éditions JC Lattès (prix Osiris 2004). Elles ont à cœur de transmettre par leurs ouvrages, conférences et travaux, les outils efficaces d'une culture de paix.

Jean-Yves Raffort est psychanalyste, psychothérapeute et psychologue. Il est également co-auteur de *Psychologie de la violence* publié chez Studyrama en 2005 et membre de l'association Les psychanalystes de l'ICS.

Claire Squires est psychiatre. Elle travaille à l'institut Clarapède, à Neuilly (92), et est également maître de conférences à l'université Paris VII – Denis-Diderot.

Saverio Tomasella est psychanalyste et docteur en communication. Il est membre de Psychanalyse-in-situ et de l'association européenne Nicolas Abraham et Maria Torok.

Karin Trystram est psychanalyste et membre de Psychanalyse-in-situ.

Mareike Wolf-Fédida est professeur des universités (Paris VII – Denis-Diderot) et psychanalyste. Elle est l'auteur de nombreuses publications, parmi lesquelles dernièrement *Amour, identité et changement* (M3W Fédition, 2005) et le roman *La télé, c'est vous !* (M3W Fédition, 2005).

Introduction générale

Pouvons-nous esquisser notre propos sans le « saisir » étymologiquement ? Le mot *couple* vient du latin *copula* qui signifie « lien », « liaison ». Quant à la bible des noms communs[1], elle le définit laconiquement comme « le mari et la femme, un homme et une femme réunis ».

À quelques détails près, depuis que l'homme a cessé d'être un protozoaire[2] en bas de la chaîne de l'évolution de l'espèce, il vit en couple, prohibe l'inceste et s'enchaîne ainsi à l'état de culture.

Parce qu'il implique la création d'une famille, le couple est avant tout l'indice le plus probant du lien social et de ses avatars. « La famille, reposant sur l'union plus ou moins durable et socialement approuvée d'un homme et d'une femme et de leurs enfants, est un phénomène universel, présent dans tous les types de sociétés[3]. » À cette méthodique entreprise comptable, il faut ajouter encore la condition préalable

---

1. Le petit Robert.
2. Un protozoaire est un être vivant unicellulaire, classé traditionnellement dans le règne animal.
3. Lévi-Strauss C., « La famille », in *Lévi-Strauss C., Texte de et sur Claude Lévi-Strauss*.

de « deux autres familles, l'une prête à fournir un homme, l'autre une femme, qui par leur mariage en feront naître une troisième et indéfiniment[1]. »

L'équation familiale pourrait donc se résumer à l'alliance incarnée par le couple, marié ou non, et à sa filiation. Nous pourrions alors clore l'inventaire. Ce serait toutefois compter sans notre siècle et les mutations inédites de la cellule sociale originelle !

Aujourd'hui, 1 + 1 = 3 ne va plus de soi. À la tyrannie plus ou moins inconsciente des différentes formes d'infertilité a succédé l'ère des bébés qu'on ne fait plus dans un lit ! En 1930, pointant le malaise dans la civilisation, Freud écrit qu'elle « ne tolère pas la sexualité en tant que source autonome de plaisir et n'est disposée à l'admettre qu'à titre d'agent de multiplication *que rien jusqu'ici n'a pu remplacer*[2] ». Sauf à laisser la technologie médicale s'enticher de cette affaire...

Ainsi, après la deuxième guerre mondiale, la contraception visant à réguler les naissances amorce un processus de dissociation entre le désir sexuel et la procréation. Cette fracture est bientôt entérinée par la PMA[3] qui, tout en conférant aux femmes le monopole de l'engendrement, offre un large éventail d'alternatives. Alors que l'insémination artificielle s'adressait à l'origine aux couples stériles, la demande s'est progressivement étendue aux femmes célibataires et aux couples homosexuels. Au regard de cette étonnante torsion de la tradition judéo-chrétienne, qu'en est-il de la famille moderne ? Qu'elle soit monoparentale, recomposée, homoparentale, adoptive ou « fécondée

---

1. *Ibid.*
2. FREUD S., *Malaise dans la civilisation*, in *Œuvres complètes*, tome 19, PUF, 2005.
3. Procréation médicalement assistée.

in vitro », elle oblige à repenser un couple que nous qualifierons désormais de *pluriel*, mais surtout elle atteste, pour chaque individu, de la possibilité de conquérir son droit à la transmission.

À ce stade, le lecteur objectera à notre prologue légèrement académique un certain manque d'« affects ». Une fois admise cette lapalissade selon laquelle le couple est un lien, il s'agit d'en spécifier la nature. Qu'est-ce qui pousse les êtres à rejouer sans cesse le scénario platonicien de deux moitiés errantes qui se reconnaissent et forment un tout ? Pourquoi prenons-nous le risque d'échanger un vœu un peu fou d'engagement jusqu'à la mort ? On ne badine pas avec lui, parfois pour le meilleur et souvent pour le pire, car le substrat du couple, c'est l'amour !

Lorsque l'état de grâce amoureux est consommé, il ne reste qu'un face à face dans lequel chaque terme rencontre l'autre pour ce qu'il est. « Étant donné que les humains des deux sexes, pris un à un, sont généralement des coquins – ou des névrosés – pourquoi seraient-ils des anges une fois appariés[1] ? »

Nous héritons parfois de maximes plus ou moins structurantes de la part de nos parents. « Le couple est une guerre », disait une mère divorcée avec un bon sens vaguement caustique. Et sur la porte de l'ex-chambre conjugale, on pouvait lire : « Bienvenue à Pandémonium, capitale de l'enfer ! »

Quand la divine « flambée » des premiers *je t'aime* fait place à la tiédeur du quotidien, il faut ruser... On peut alors donner de la voix pour raviver la torpeur ! Mais du petit désagrément sonore pour les

---

1. ROUGEMONT D. DE, *L'amour et l'Occident*, 10/18, 2001.

voisins au drame domestique, le couple brasse un conflit qui finit par rompre le dialogue. La thérapie de couple, la cure analytique ou la médiation permettent alors de refaire circuler la parole.

C'est sur cette « parole » libératrice que les « panseurs[1] » de l'âme que nous sommes ont choisi de miser. C'est pourquoi ce livre s'inscrit dans une volonté commune de dépasser les prêches pessimistes des médias et l'humeur maussade d'une époque.

La famille n'est pas en ruine, elle innove. Quant au couple, il peut cultiver ses champs de bataille en semant, comme nous, une indéfectible confiance en l'humain.

Sarah Grizivatz

---

1. *Panseur* est un néologisme issu de l'« accouplement » des verbes *panser* et *penser* !

PREMIÈRE PARTIE

Pour mieux comprendre

Au jeu de la libre association d'idées autour du couple, nous convoquons immanquablement la question universelle de l'amour, ainsi que ses principaux corollaires, le désir et la passion. Quid des mécanismes de l'attraction entre deux êtres ? De quels mystères nos élans amoureux se parent-ils ?

De la conquête de l'autre à la vie commune, des obstacles se dressent qui ternissent les premiers émois. Que racontent nos heurts ? L'amour est-il liberté ou enfermement ?

Bientôt, le couple voudra devenir famille... Du désir d'enfant à l'élévation au rang de parents, quelles sont les nouvelles figures de la modernité ?

CHAPITRE 1

Ils s'aiment !

Petite philosophie du couple

Bérangère Casini

Le couple est un mode de relation qui joint deux termes pouvant être semblables, opposés ou différents. Il forme ainsi un tout qui comprend une altérité porteuse de tension ; sans cette altérité, le couple serait seulement une paire.

Il n'est donc pas une addition de termes. Ne se déduisant pas des termes pris isolément, le couple ouvre sur l'imprévisible et le nouveau. Qu'est-ce qui forme alors un couple ? Quelle est la nature du lien constitutif du couple : opposition ou harmonie, lien des semblables entre eux ou des contraires entre eux, rapport de force ou rapport d'égalité ? Ces questions indiquent combien l'idée de couple interroge l'idée de l'autre : ni même ni contraire, comment nouer une relation avec lui ?

Des choses, des hommes et des dieux

La nature est ce spectacle dans lequel alternent le jour et la nuit, le mouvement et le repos, le clair et le sombre. Elle est pensée à travers des couples de contraires qui, utilisés comme des catégories logiques[1], structurent notre perception des choses. Les couples de contraires seront en effet choisis comme principes d'explication à l'ordre de la nature. Ils ont cette fonction de principes, remarque Aristote, car « premiers, ils ne sont formés d'aucune autre chose ; contraires, ils ne sont pas formés les uns des autres[2]. » C'est à la faveur de la coïncidence des contraires que les choses peuvent être harmonieusement unies ; ainsi en est-il du vide et du plein, du mouvement et du repos, du froid et du chaud, etc., comme l'énoncent les savants grecs Démocrite ou Héraclite. Disserter sur l'origine des choses et sur le tout du monde revient finalement à constater un fait, une donnée objective : celle de l'attraction et de la répulsion des choses entre elles, des humains entre eux et des humains pour les choses. Par conséquent, l'approche cosmologique[3] de l'idée de couple met en relief le fait que les choses s'attirent et se repoussent. Le couple est ainsi un concept commode, tant pour expliquer la nature que pour décrire le surgissement de l'histoire qui naît toujours à partir d'une rupture ou d'un affrontement entre des éléments. L'histoire signe la fin d'une union, comme le narrent les différentes cosmogonies[4].

---

1. Catégorie logique : le concept de « catégorie » vient du verbe grec *categorein* qui signifie « attribuer ». Aristote établit une liste, devenue classique, des dix catégories de l'être, à savoir des multiples significations de l'être qu'il est possible d'attribuer (le « où », le « quel », le « combien », etc.) sans prétendre toutefois que ces catégories embrassent la totalité du réel.
2. ARISTOTE, *Physique* I, 5, 188a, Les Belles Lettres, 1991.
3. La cosmologie est l'étude de l'univers considéré comme un système bien ordonné (*cosmos* signifie « ordre » et « beauté »).
4. La cosmogonie est l'exposition des origines de l'univers.

Le mythe de Prométhée illustre, à cet égard, la rupture du tout que constituait l'âge d'or dans lequel hommes et dieux vivaient ensemble paisiblement selon l'ordre éternel du monde. La condition humaine naît d'une querelle qui oppose les hommes mortels aux dieux immortels, dans une lutte dont l'issue est une séparation irréversible. La dissolution de l'unité engendre un couple hommes/dieux qui ne cesse de prendre conscience de sa différence, et cette conscience d'être un couple engendre, à son tour, un récit sur l'histoire de la condition humaine. L'histoire entre en scène avec le couple qui instaure un dialogue, parfois une confrontation dans laquelle quelque chose peut se dire, s'interpréter et donc aussi être redit ou contredit.

N'oublions pas l'autre couple né de ce conflit. Le châtiment infligé par Zeus aux hommes est de leur envoyer une femme, Pandore. Elle accroît la césure entre hommes et dieux, en ajoutant cette différence entre homme et femme. Notons, à ce titre, que l'humanité de l'âge d'or était exclusivement masculine – c'était là, faut-il croire, un des aspects de sa félicité – tandis que la femme, en véritable déshéritée, n'a jamais connu ce bonheur d'être seule. Pandore est l'Ève grecque. On retrouve dans nombre de mythologies et de religions cette place ambiguë conférée à la femme. Si elle est la cause de la séparation originelle de l'union à Dieu, il lui appartient également de rétablir cette union en s'unissant à l'homme : la femme, en ce sens, révélerait à l'homme le sens de son existence. Autrement dit, la femme est ce troisième élément – cet intermédiaire – qui unit à nouveau l'homme à Dieu. C'est pourquoi l'union de l'homme et de la femme pourra être interprétée comme l'image de l'union parfaite à Dieu, une expression de la réalisation du verbe divin. En témoigne par exemple le *Cantique des cantiques*[1] : le couple amoureux y renvoie au couple de l'amour parfait avec Dieu.

« Parce que c'était moi, parce que c'était lui »

Qu'est-ce qui forme un couple : deux semblables réunis ou deux contraires réunis ? Cette question entraînera deux réponses opposées qui s'excluent l'une l'autre : « Certains [...] disent que ceux qui sont semblables sont amis, d'où les dictons : le semblable va à son semblable, le choucas va au choucas et ainsi de suite. D'autres, au contraire, prétendent que les hommes qui se ressemblent ainsi sont toujours comme des potiers l'un envers l'autre [...]. Pour Héraclite, c'est ce qui est opposé qui est utile [...] et toutes choses sont engendrées par discorde [...]. Pour Empédocle, [...] le semblable va vers le semblable[2]. »

Chercher à savoir si l'ami est celui qui est semblable ou contraire souligne le fait que le couple est pensé à partir de ses éléments constituants : il résulte de la nature des éléments. Ainsi Montaigne déclarait à propos de son ami La Boétie, « parce que c'était moi, parce que c'était lui ». La rencontre devait se faire nécessairement – et finalement indépendamment de toute relation de désir ou de ce que l'un pense de l'autre. La même analogie entre couple naturel et couple

---

1. Selon *Le petit Larousse*, le *Cantique des cantiques* (v. 450 av. J.-C.) est « un recueil biblique de chants d'amour dans lesquels la tradition a vu le symbole de l'union de Dieu et de son peuple », chantée comme un amour conjugal (« Qu'il me baise des baisers de sa bouche ! Tes amours sont plus délicieuses que le vin [...] » Prologue).
2. ARISTOTE, *Éthique à Nicomaque*, 1155b, Flammarion, 2004.

humain structure le roman de Goethe, *Les affinités électives*, dans lequel un des personnages déclare « tantôt ils se rencontreront en amis et vieilles connaissances qui se rapprochent, s'unissent promptement, sans modifier quoique ce soit à l'autre, comme le vin se mêle à l'eau. Par contre, d'autres s'obstinent à demeurer étrangers côte à côte, et ne peuvent s'unir même par mélange mécanique et friction : ainsi l'huile et l'eau[1]... » et encore « Les substances qui, venant à se rencontrer, [...] se déterminent mutuellement, nous reconnaissons entre elles de l'affinité. [...] C'est précisément ainsi qu'il peut se former entre les hommes des amitiés vraiment sérieuses car des qualités opposées rendent une union intime[2]. »

Attraction, répulsion : une question de lien

Il est intéressant de remarquer l'emploi du terme *attraction* conceptualisé par Newton dans sa théorie de l'attraction universelle en 1687, puisqu'il a des résonances dans l'ordre des affects humains. Newton écrit ainsi : « Je n'emploie ici ce mot d'attraction que pour signifier en général une force quelconque par laquelle les corps tendent réciproquement les uns vers les autres, quelle qu'en soit la cause[3]. » L'économie d'une réflexion sur la cause au profit d'une réflexion sur les effets confortera l'idée profane que l'affectivité humaine se déploie à travers un jeu de forces constitutives de couples s'attirant et se repoussant. Toutefois s'esquisse l'idée que ce qui constitue un couple – l'attraction – n'est pas à rechercher du côté des éléments : la nature obéit au prin-

---

1. GOETHE J. W. (VON), *Les affinités électives*, Gallimard, 1998.
2. *Ibid.*
3. NEWTON, *Principia – Principes mathématiques de la philosophie naturelle*, question 31, Dunod, 2005.

cipe de l'attraction, indépendamment de la nature des éléments. C'est une conception nouvelle de l'idée de couple, qui porte l'accent sur le lien et non plus sur les éléments restreints à leurs propriétés.

Que l'on définisse l'amitié, par exemple, par l'alliance de similitudes ou de contrariétés revient à affirmer la même chose, à savoir que l'amitié a pour cause et pour mesure ce que nous sommes déjà nous-mêmes. C'est en fonction de ce que je suis que je prendrai pour ami un autre moi-même – un *alter ego* – ou un autre que moi. Or, si l'ami est le même que moi ou le « tout autre » que moi, aucune amitié n'est en réalité possible. En effet, « le semblable peut-il procurer au sem-blable en tant qu'ils sont semblables, aucun bien ou aucun mal que celui-ci ne puisse se procurer à lui-même ? Peut-il éprouver quoique ce soit qui ne puisse lui venir de lui-même[1] ? » remarquait Socrate. Ce qui est inutile ou sans usage (*akhrêstos*) – au sens où il ne reçoit ni ne donne nul avantage ni satisfaction – ne peut être aimé : « Quelle affec-tion peut s'attacher à nous dans l'absence de toute qualité utile aux autres[2] ? » À cette remarque fera écho celle de Pascal affirmant que ce que l'on aime chez une personne, ce sont ses qualités. S'opposent ainsi à la possibilité du couple à la fois la figure du singleton, ensemble à un seul élément se suffisant à lui tout seul, et la figure de l'inutile ne pouvant être relié à rien. De la même façon, un contraire ne peut, en tant que tel, être l'ami d'un contraire, car alors, l'ennemi serait par exemple ami de l'ami.

Par conséquent, si l'on s'en tient à une logique ou à une physique du couple, on procède par identification de ce qui est opposé ou similaire pour déterminer *a priori* ce qui est ami. C'est selon cette logique de

1. PLATON, *Lysis*, 215a, Les Belles Lettres, 1999.
2. *Op. cit.* 210c.

l'identification que se décrètent des mariages qui semblent répondre aux critères de la relation conventionnelle, des choix utiles, calculés et délibérés. Personne ne s'inquiète alors de savoir si les termes, quant à eux, ont le pouvoir de relier. Le faux couple tient à une relation établie indépendamment des termes reliés : c'est le couple de pure extériorité, qui n'engage pas ce qu'il relie. Il relie, pourrait-on dire, dans un face à face.

Interroger le désir de couple

Les forces traversent les individus, les coups de foudre rendent compte des rencontres voire des ravissements, les résistances apparaissent ou disparaissent. Ainsi, le lexique de la passion amoureuse nourrit autant l'idée de dualité ou de déchirement que l'idée de fusion, d'élévation ou d'union parfaite et absolue. Si donc les sentiments humains se vivent le plus souvent de manière contrastée, si à une passion fait aussitôt face sa passion contraire, alors il semblerait que désirer l'autre équivaille à introduire en soi un conflit, une contrariété, comme si l'autre scindait d'avec soi-même. Le couple que l'individu cherche à former en vue de réaliser et de vivre l'union est irrémédiablement porteur de la duplicité inhérente à chacun. Le désir de couple révèle ainsi non seulement l'*impetus*, c'est-à-dire l'élan de ceux qui s'attirent, mais également le fait que cet élan est obscur à lui-même. Comment donc former un couple qui résulte d'autre chose que d'un choc de rencontres ? Qu'est-ce qui importe pour que la rencontre avec l'autre constitue un couple à l'abri autant que possible de toute fusion, de toute prédation et du simple échange ?

La question se fait donc plus lancinante de savoir ce qui a le pouvoir de relier de manière à constituer le seul couple qui soit approprié. Il

convient alors de penser le couple autrement qu'en termes de semblables ou d'opposés, en s'interrogeant sur celui qui a le désir de
« devenir ami ». L'idée de couple, en ce sens, renvoie à sa propre
identité et permet d'élucider ce que je suis au lieu de s'interroger sur
ce que j'attire ou les raisons pour lesquelles j'attire. C'est là ce que
réalise Montaigne, qui ne cherche pas un semblable dans son amitié
avec La Boétie, mais aspire à se connaître comme La Boétie le connais-
sait, car « lui seul jouissait de ma vraie image et l'emporta. C'est
pourquoi je me déchiffre moi-même si curieusement[1] ». C'est pourquoi l'union que je forme est reconduite au problème de l'un, de
l'unité que je suis. Qui suis-je dans ma quête de l'autre avec lequel je
désire constituer un couple ? Quelle est la nature de cet « un » que je
désire, en un sens, faire devenir « deux » ?

On pourrait interpréter le désir d'union induite dans le couple selon
deux lectures distinctes : soit je cherche dans ma quête de l'autre à
être moi-même – c'est-à-dire vraiment un moi-même unifié – soit
l'union désirée se vit comme une nostalgie de l'union irrémédiablement perdue et que je ne parviendrai jamais à retrouver. Autrement
dit, mes manières de vivre l'amour et même l'amitié peuvent s'interpréter selon ces deux orientations : celle de la recherche de ce qui me
rendrait enfin complet, grâce à l'union avec l'autre, et celle de la
déréliction[2], dans laquelle l'autre, à jamais séparé de moi, révèle le
caractère illusoire de toute union. Dans les deux cas, ce que je projette sur l'autre indique la manière dont je me rapporte à moi-même.

---

1. MONTAIGNE M., *Essais*.
2. Selon *Le petit Larousse*, la déréliction est « le sentiment d'abandon et de solitude
   morale ».

L'autre, cette part manquante

Lorsque je considère l'autre comme ce qui me manque pour constituer un tout parfait, je risque de l'investir d'une charge qui ne lui
incombe pas : percevoir ce qui me manque et réussir à le combler.
Cette configuration du couple rêvé obéit à la logique dont nous avons
vu l'impasse, une logique du vide et du plein, en vertu de laquelle il
serait possible de déterminer à l'avance les termes à unir. Par conséquent, vouloir l'autre en supposant qu'il est ce qui me manque et ce
qui, une fois présent, me comblera, me conduit non seulement à
l'aliéner dans mes propres fictions et à me crisper sur mon propre
désir, mais aussi à attendre de l'extérieur le remède à mon mal-être.
Cette posture d'attente révèle à la fois la crainte et l'espoir misés dans
la rencontre, comme si celle-ci détenait le secret que j'attendais.
Cette attitude implique de chercher des signes correspondant à mes
attentes dans toute rencontre (des signes de sociabilité, de douceur,
de courage, etc.). Or, attribuer directement à l'autre les signes dont il
est porteur, c'est nécessairement être déçu et insatisfait de ce qu'il
peut donner : il faut reconnaître que l'objet n'est pas identique à son
signe. En effet, si chaque signe semble s'incarner dans l'autre, il signifie en même temps quelque chose de différent qui n'est pas enfermé
en lui. C'est pourquoi croire que l'autre, tel un messie, révélera par
lui-même la portée du signe entr'aperçu en lui, c'est se maintenir,
quoiqu'il advienne, dans une position d'attente. Celle-ci se traduit
par une instabilité, causée par une insatisfaction face à tout ce qui se
présente.

C'est ainsi que le personnage de *À la recherche du temps perdu* écrit, à
propos du nom de « Mme de Guermantes » qui l'a frappé : « Je me
disais que c'était bien elle que désignait pour tout le monde le nom de la
duchesse de Guermantes ; la vie inconcevable que ce nom signifiait, ce

corps la contenait bien[1]. » Il sera cependant déçu. Indexer l'autre à sa propre carence conduit à ne jamais le rencontrer pour ce qu'il est, mais toujours en vertu de ce qu'il promet pour soi. Cette attitude amène aussi à isoler l'autre en le singularisant à l'excès. Un tel attachement ne peut rendre ni soi-même ni l'autre heureux, un tel couple étant soudé par un lien de possession mêlé à la crainte de la perte. Rousseau évoque dans *Les confessions* les jours passés aux Charmettes chez Mme de Warens comme étant des jours heureux, puisqu'il est en sa compagnie. Toutefois, la crainte de ne plus la voir et l'avoir à ses côtés envenime nécessairement cette relation qu'il a tissée et dont il ignore, par ailleurs, la réciprocité : qu'importe, « son image toujours présente à mon cœur n'y laissait place à nulle autre ; elle était pour moi la seule femme qui fût au monde[2] […] ». Ainsi, vouloir former un couple peut masquer une fuite de soi. Cette quête est alors stérile et décevante, l'un se manquant lui-même dans l'attente de l'autre. En idéalisant le couple de cette manière, on fait miroiter une image illusoire de l'autre, otage de soi, nécessairement décevant et irrémédiablement manquant.

La nostalgie d'une union originelle

L'autre configuration évoque la nostalgie d'une union originelle avec l'autre, telle que la raconte le mythe de l'androgyne dans *Le banquet*[3] : union d'un homme et d'une femme, multiplicité résorbée, pacification du désir qui n'est ni par défaut ni par excès. Dans cette égalité à soi que représente l'androgyne se loge le désir du couple scellé dès l'origine.

---

1. « Du côté de chez Swann », in PROUST M., *À la recherche du temps perdu*, Gallimard, 1999.
2. ROUSSEAU J.-J., *Les confessions*, Livre 3, Hachette Éducation, 2002.
3. PLATON, *Le banquet*, Librio, 2005.

Naît alors l'idée de l'impossibilité du couple, compris comme une ré-
union de ce qui est distinct qui tenterait de pallier la séparation irréversible de l'homme et de la femme. Cette séparation peut aussi se comprendre en un sens plus général, comme étant celle de l'humain avec
ce qui l'entoure. Dans ces conditions, tout attachement se voit toujours précédé par une césure initiale. C'est pourquoi le désir du couple
se projettera non sur un futur, mais sur la nostalgie d'un passé immé-
morial. Lucrèce décrit ainsi les amants éperdus dans un désir d'union
devenant l'angoisse frénétique d'une impossible union :

> *Cupides, leurs corps se fichent, ils joignent leurs salives*
> *bouche contre bouche s'entrepressent des dents, s'aspirent*
> *en vain : ils ne peuvent rien arracher ici*
> *ni pénétrer entièrement dans l'autre corps passer [...]*
> *puis un nouvel accès de rage et de fureur les prend*
> *tandis qu'ils se demandent ce qu'ils désirent atteindre*
> *et ne trouvent aucun moyen de terrasser leur mal,*
> *tant les ronge incertains une blessure aveugle[1].*

Un absolu est recherché alors que le couple est par nature « relation », c'est-à-dire relatif à autre chose que soi. Or, à vouloir faire un
« absolument », le couple se fige dans le schéma du cliché : ce que je
recherche est finalement la réplique d'un objet autrefois aimé et qui
détient le secret de l'union. Ce caractère secret lui confère une valeur
sacrée. Rien d'étonnant en ce cas si l'on retrouve parfois dans une vie
de couple la reconduction des mêmes situations amoureuses, la répétition des mêmes choix transformant l'élan propre au désir en un élan
réactionnaire. Freud établit à ce titre une comparaison entre le phéno-

---

1. LUCRÈCE, *De la nature*, IV, v. 1107-1120, Imprimerie Nationale, 2000.

mène de transfert, qui a lieu durant la cure psychanalytique, et l'amour : « Il est exact que cet état amoureux n'est qu'une réédition de faits anciens, une répétition des réactions infantiles, mais c'est là le propre de tout amour et il n'en existe pas qui n'ait son prototype dans l'enfance[1]. » Le personnage de Don Juan est prisonnier du vertige de cette répétition, puisqu'il veut qu'une femme soit à elle seule « toute » la femme et qu'il ne rencontre, à chaque fois, « rien qu'une femme ». Selon cette configuration du couple désiré exclusivement s'il tend vers cette union primitive, l'individu se perd dans cette illusion qu'il cultive et qui le rend finalement incapable d'aimer. Il est en effet habité par un sentiment paradoxal : celui du regret de ce qui ne peut être – ou, du moins, de ce qui ne peut être tel qu'il le projette. C'est pourquoi seul le rapport imaginaire constitue, pour une large part, un tel couple.

Il apparaît ainsi que se représenter le couple en assignant d'avance à l'autre la place qu'il doit tenir fait obstacle à une authentique relation fondée sur la reconnaissance de la liberté de chacun.

Quand le couple « discorde »

Former un couple engage une certaine disposition de soi qui détermine en partie la nature du couple, à savoir ou bien un couple « qui discorde en nature », ou au contraire un couple « qui convient en nature », selon la terminologie spinoziste[2].

---

1. « Observations sur l'amour du transfert », in FREUD, *La technique psychanalytique*, PUF, 1992.

2. Spinoza oppose en effet les expressions *convenire natura* et *discrepare natura* pour insister sur le lien entre la manière dont je me rapporte à moi-même et la manière dont je me rapporte aux autres. La nature de ce rapport engendre des relations soit harmonieuses soit discordantes.

Le couple discordant en nature (fusionnel, prédateur ou réactionnaire) est celui dans lequel l'autre est le support et l'instrument de
mes désirs, parce que je ne parviens pas à reconnaître sa liberté fondamentale de personne. Le plus souvent, nous ne percevons pas l'autre
en tant que tel, mais selon les effets positifs ou négatifs qu'il produit
sur nous. S'en tenir aux effets implique que le couple que nous formons avec l'autre – que ce soit un couple d'amour ou de haine – est
nécessairement inconstant. Il est en effet très dépendant des circonstances extérieures qui peuvent le modifier voire le rompre ; il est également soumis à la fluctuation relative aux humeurs de chacun, ce qui
contribue à l'affaiblir et à le rendre difficile à vivre. Dans ces conditions, le couple ne peut que discorder, dans une alternance de joie et
de tristesse, étant donné qu'il est entièrement déterminé par des
affects qui sont des passions : à la passion qui m'emporte et me
déporte répond une relation instable avec l'autre. Ainsi que le remarque Spinoza, « les hommes peuvent discorder en nature, en tant qu'ils
sont en proie à des affects qui sont des passions, et, en cela aussi, un
seul et même homme est divers et inconstant[1] ».

Je fais obstacle à la formation du couple quand je confonds l'effet que
les choses ont sur moi et leur vraie nature. Il me devient alors impossible de comprendre en quoi les choses se conviennent, diffèrent ou
s'opposent, c'est-à-dire de reconnaître ce qui me convient réellement
pour former un couple. On voit cette double impossibilité à l'œuvre
dans le personnage de Phèdre telle que le met en scène Racine[2] :
Phèdre se refuse à reconnaître le couple réel formé par Hippolyte et
Aricie, et s'égare dans un couple onirique, discordant et contre-

---

1. SPINOZA, *Éthique*, IV, prop. 33, Éditions de l'éclat, 2005.
2. RACINE, *Phèdre*, Pocket, 2005.

nature, qu'elle veut former avec son beau-fils Hippolyte. Ce qui la rend monstrueuse à ses propres yeux doit se lire comme la conséquence d'un mal antérieur qui la ronge, à savoir celui du couple qu'elle formait avec Thésée, son mari. De la Phèdre de Thésée à la Phèdre d'Hippolyte, il s'agit finalement toujours du même personnage, mû par ses passions et fluctuant au gré des effets que les choses ont sur elle. C'est pourquoi ni Thésée ni Hippolyte ne sauraient lui convenir autrement qu'en rêve (et elle voit, hallucinée, Thésée en Hippolyte).

Il apparaît ainsi que je ne peux former un couple qui « convient en nature » si je suis moi-même égaré, puisque je suis dans la confusion de mon être. Comment donc savoir ce qui convient ? Comme le remarque Socrate, « ce qui est aimé ne l'est pas en vue d'une autre chose qu'on aime. C'est le bien qui est aimé[1]. » En ce sens, pouvoir faire « couple avec » suppose de pouvoir se relier à autre chose que soi, en évitant l'écueil de la fusion ou du duel. Il s'agit d'envisager le couple non plus en termes de défaut (manque) ou d'excès (une toute-puissance ou une puissance majorée grâce à l'autre), mais en termes de parenté ou de convenance. Penser ainsi le couple l'ouvre sur la dimension de l'autre au sens large : je deviens capable de me relier à ce qui est autre (et pas seulement mon semblable) sans m'égarer, car j'ai un certain savoir de ce qui m'est apparenté.

Cet autre qui me convient

Aimer ce qui nous est apparenté élargit l'idée de l'ami à l'extrême diversité des choses auxquelles nous pouvons être attachées (« les

---

1. PLATON, *Lysis* 220b, Les Belles Lettres, 1999.

enfants, les chevaux à l'ongle unique, les chiens de chasse et l'hôte étranger » selon la formule de Solon[1]). L'apparenté ou l'approprié (oikeion) semble être en extension. Attention, il ne s'agit pas de rechercher ce qui est apparenté comme d'autres chérissent des étoffes ou des chevaux de courses, en formant d'étranges couples, des couples fétichistes. Il y a finalement des comptes à se rendre pour se demander ce qui compte vraiment. Un travail de réflexion est nécessaire pour déterminer en quoi les choses me conviennent : au lieu de me déterminer du dehors, j'ai à me déterminer du dedans, selon ma raison. Si chacun, en agissant au gré de ses passions, discorde avec lui-même et avec les autres, à l'inverse « c'est en tant seulement qu'ils vivent sous la conduite de la raison que les hommes nécessairement conviennent toujours en nature[2] ». « Convenir en nature » implique de ne plus être en perpétuel conflit avec soi-même, de ne plus risquer de transposer ce conflit à l'extérieur, la dualité interne pouvant conduire à une dualité externe.

Assurément, l'être humain est un être dont la nature n'est pas d'emblée unifiée. Il fait l'expérience des contrariétés, des échecs, des différés qui indiquent ce décalage entre l'ordre de ses désirs et l'ordre du monde. Agir sur soi est possible dès que l'on prend conscience qu'il vaut mieux modifier l'ordre de ses désirs plutôt que chercher en vain à changer l'ordre du monde. Cette conversion du regard permet une unification : en ne nous situant plus dans l'opposition, nous évitons le regret, le ressentiment ou l'indécision, nous nous rassemblons nous-mêmes pour nous apparenter à ce qui est capable de nous uni-

1. Homme politique athénien (v. 640-v. 558 av. J.-C.) qui contribua, par sa réforme politique et sociale, à l'essor démocratique d'Athènes.
2. SPINOZA, *Éthique*, IV, prop. 35, Éditions de l'éclat, 2005.

fier. Or cela, c'est à chacun de le penser et de le désirer. Nul ne peut le faire à notre place, nul ne peut nous indiquer à l'avance ce qui nous est apparenté. C'est donc une erreur de rechercher ce qui nous est semblable pour former un couple : l'ami n'est pas quelqu'un à trouver (il est plutôt à reconnaître), et il n'y a pas qu'une seule manière possible pour l'autre comme pour soi d'être ami. C'est à nous de devenir, autant que possible, semblable à ce qui nous est vraiment ami. Ce désir de l'ami est donc autre chose qu'un appétit, et plaisir, douleur ou crainte ne sont pas les seules forces capables de mettre en mouvement. L'autre désiré est cet autre approprié qui m'apprend à devenir ce que je suis (comme Montaigne et La Boétie). Toutefois, cet autre n'est pas seulement une personne, il peut désigner aussi un autre mode de réalité capable de m'apprendre ce qui m'est apparenté. Il importe de trouver le bon comme ami car, comme nous le rappelle Socrate, « c'est le bien qui est aimé ». Ce n'est pas si simple ! Nous avons en effet tendance à qualifier d'emblée ce que nous désirons comme étant « bon ». Il faudrait pouvoir renverser ce mouvement – le convertir là aussi – pour aspirer à ce que nous savons être bon.

L'amour qui lie et délie

Préférer savoir et éviter les sortilèges des faux amis, c'est ne pas oublier d'apprendre. Il s'agit d'apprendre à connaître ce qui m'est apparenté. Il me faut donc désirer la vérité et même la chérir. Elle me garantit en effet que mon désir ne s'arrêtera pas à la déception, ne sera pas subjugué par la fusion ou ne se contentera pas de la séduction de l'apparence. Qui sait, dans ces conditions, si celui qui désire vraiment – et qui a donc un désir du vrai – n'engendre pas finalement lui-même ce qui lui est parent : il l'engendre, car rien ne pouvait l'engendrer à sa place, parce qu'il est devenu plus inventif, alimenté par son désir qui saisit sa vraie parenté. Ainsi, la vérité est ce mode de réalité qui nous fait connaître ce qui nous est apparenté, tout en nous permettant de distinguer ce qui nous est étranger ou hostile. Dans ce même mouvement, nous apprenons à devenir ce que nous sommes en vivant autrement, en ne nous abandonnant plus, dans nos relations à nous-mêmes et aux autres, à la passivité, à la circulation et à l'irruption souvent insensée de nos appétits.

Or, devenir soi implique un conflit intérieur qui, déporté sur l'autre, me le fait alors apparaître comme tout autre, étranger à moi-même. Dans ce face à face, j'absolutise mon identité, devenue étanche à toute différence considérée comme menaçante. C'est ainsi que peut apparaître l'homme pour la femme et réciproquement : un autre, non pas apparenté, mais d'emblée étranger. Nul n'est homme ou femme immédiatement, à moins de rester prisonnier d'une identité génératrice d'exclusion et de préférences. L'identité résulte d'un processus au cours duquel l'être parvient à se poser comme une identité différenciée, riche en elle-même. L'homme et la femme sont pour chacun l'occasion privilégiée de mettre en œuvre ce travail de différenciation d'avec soi-même, afin de devenir cet homme et cette femme. Chacun est donc lié à l'autre dans cette différence et, en se différenciant, chacun se nie comme identité pure et suffisante.

Si nous avions oublié qu'il nous appartient de nous rendre semblables à ce qui nous est ami, c'est peut-être parce que nous avions cru en une réciprocité de simple échange : l'objet aimé ne rend pas l'amour qu'on lui porte à la façon dont le débiteur restituerait l'argent qu'on lui prête.

*
* *

Arracher le couple à la stérilité de l'identique comme à l'image de l'absolue extériorité de l'autre est faire advenir le couple qui s'aime, dès lors que les termes sont reliés par ce qui les rend semblables, à savoir l'amour. L'amour est ce qui aime. Comme le remarque M. Foucault, l'amour « ne saurait manifester sa propre vérité que si on la demande à ce qu'il est et non à ce qu'il aime. Il faut revenir de l'objet aimé à celui qui aime[1] ». Celui qui aime peut mal aimer, comme nous l'avons vu, et être incapable de devenir ami avec quoique ce soit. Être capable d'aimer se comprend par ce qui est engendré : à savoir un couple, cet « entre-deux » qui aime et qui délie ainsi chacun des termes en présence. Quelque chose se produit bien en retour : à savoir que le couple est à ce point vivant qu'il n'y a plus, en lui, de place pour son contraire, la rupture.

---

1. FOUCAULT M., *Histoire de la sexualité*, tome 2, Gallimard, 1997.

Le mystère de la passion amoureuse

Manuel Galan

« Quand la mort s'érige en épouvante
pour nous faire croire qu'elle est le maître absolu,

L'amour danse, chante, l'affronte et, quelquefois,
arrive à la faire douter. »

(*Les richesses poétiques de Tanjanise*, Manuel Galan.)

Éros, Cupidon... l'amour, nous dit Platon, bâtit sa demeure dans le cœur des hommes, mais non dans tous les cœurs, car où il y a dureté, il s'éloigne. L'amour ne peut pas faire le mal, ni même le permettre. Qui est touché par l'amour ne marche jamais dans l'ombre. Parfois on le représente aveugle, car l'amour l'est aussi bien souvent. Les poètes antiques en firent un jeune garçon malicieux, taquin et même pire : « Son cœur est méchant mais sa langue est de miel. Il n'y a pas de vérité en lui, le fripon, et son jeu est cruel. Ses mains sont petites et cependant ses flèches vont aussi loin que la mort. Son trait est petit, mais il atteint le ciel. Et surtout ne touchez pas à ses traîtres dons, ils brûlent du feu où il les a trempés[1]. »

---

1. « Les dieux mineurs de l'Olympe », in HAMILTON E., *La mythologie*, Marabout, 1998.

Un rosier et un cep de vigne enlacés sur deux tombes voisines, tel est l'ultime tableau du destin tragique de deux amants dont la légende, en traversant les siècles depuis le Moyen Âge, est devenue l'archétype de la passion amoureuse. Sur le bateau qui mène Tristan et Yseut[1] de l'Irlande à la Cornouailles, où doit être célébré le mariage de la jeune femme avec le roi Marc, une méprise de Brengain, la suivante d'Yseut, conduit les jeunes gens à boire le philtre d'amour destiné aux futurs époux. Sous l'effet du *love drink*, Tristan et Yseut sont saisis d'un amour fusionnel, dont seule la mort de Tristan pourra les libérer.

Il aura fallu une sorte de fatalité pour que la suivante d'Yseut, qui avait la garde du « vin herbé », se trompe d'adresse et scelle ainsi une union, qui depuis n'a cessé de marquer l'inconscient collectif de son empreinte. L'épilogue de Tristan et Yseut illustre de façon paradigmatique la frontière ténue qui oppose et allie tout à la fois l'amour et la mort. Ce lien, Freud l'a conceptualisé dans sa théorie du dualisme pulsionnel, en faisant valoir l'intrication d'Éros et de Thanatos au sein du vivant. Ainsi, on a beau savoir que l'amour permet de vivre ensemble, de parler, d'inventer, de ne pas se faire la guerre, on trouve toujours quelque part et à tout instant la haine, la vengeance et la destruction.

Mystère et mort de soi

De l'Antiquité à nos jours, dans tous les mystères, on parle d'amour, un amour qui semble primordial et qui fonde les savoirs, les pouvoirs et toutes les obligations sociales, institutionnelles et familiales. On n'a jamais passé le temps d'aimer, car il est toujours possible de mourir

1. *Tristan et Yseut, les premières versions européennes*, coll., Gallimard, 1995.

d'amour à tout âge. La fonction de l'amour est ainsi de nous faire découvrir nos limites : en tant que mortels, nous devons abandonner notre volonté de puissance. Seuls, nous ne pouvons pas penser notre propre mort ni même cet amour qui nous dépasse. Nous avons donc besoin de recourir à une tierce personne, l'être aimé par exemple, qui nous pique, nous écoute, nous parle et nous permet ainsi de gagner en profondeur, en prenant conscience de nos passions, de notre dimension symbolique et de notre réelle finitude.

Apprendre à aimer, c'est un peu mourir, provoquer la mort symbolique d'une partie de nous-mêmes. Dans ce cadre, la mort est considérée comme une sortie, le franchissement d'une porte donnant accès à un ailleurs, et à la sortie succède une entrée. Initier, c'est introduire : l'initié franchit le rideau de feu qui sépare le profane du sacré. Il passe d'un monde à un autre et subit de ce fait une transformation fondamentale ; il change de niveau, il devient différent. Il emporte ses valises et ses valeurs. De la porte de sortie à la porte d'entrée, les candidats, vainqueurs ou vaincus sont métamorphosés par l'amour.

L'amour implique la mort de soi à l'égard du monde, car il permet de dépasser la passion et les illusions grossières. L'amoureux semble opérer un processus de régression, comme un retour à l'état fœtal, la passion amoureuse étant comparable à celle du nourrisson pour le sein maternel. Les souffrances de cette passion ne devraient être considérées que comme étant liées au passage d'un état à l'autre, avec ses diverses épreuves : de l'enfant à l'adulte, de l'homme ancien à l'homme nouveau.

« Laissez-moi mourir, dit Tristan, ce serait la fin de tous les obstacles, la fin des mensonges de la vie et de toutes les douleurs de l'existence[1]... » C'est l'ivresse, le délire, la folie, la félicité, l'extase...

Éris dans tous ses états

Parce qu'elles ont largement échappé au cadre de la théorie psychanalytique pour intégrer le langage courant, nous connaissons la pulsion de vie, Éros, et la pulsion de mort, Thanatos. Voici cependant que se dresse la véhémente Éris : drapée dans sa colère, elle s'offense de n'être pas mentionnée aux côtés des deux autres ! La fée Carabosse de la mythologie grecque, déesse de la discorde, se plaint de ne jamais recevoir de cartons d'invitation aux soirées mondaines de l'époque parce qu'elle ne sait pas se tenir ! Furieuse, celle qui parle vrai trouve à se faufiler aux noces de Thétis et Pélée et se venge en jetant au milieu des convives une pomme d'or gravée de l'inscription : « À la plus belle. » Toutes les déesses s'enflamment, se bousculent pour se saisir de la pomme. La soirée tourne au capharnaüm collectif, Apollon est atterré ! La rivalité fait rage entre Héra, Aphrodite et Athéna. Pâris est alors désigné pour départager ces dames et il décerne la pomme à Aphrodite. En récompense, cette dernière lui donne la plus belle femme du monde, Hélène, dont l'enlèvement est à l'origine de la guerre de Troie.

---

1. *Ibid.*

En éveillant le désir, l'émerveillement des invités face à cet objet d'une valeur absolue, Éris aurait pu dire : «Vous qui êtes dans la bonne société, la bienséance, l'intelligence, vous êtes tous en carence d'un vrai amour, d'un amour archaïque !»

Quel est cet amour dont Éris, de son aiguillon, vient ainsi pointer le manque ?

L'enseigne du bon lait

L'amour banal, commun et sensuel n'est pas autre chose qu'un attachement libidinal à une personne, dans un but de satisfaction sexuelle directe, l'attachement cessant dès que cette satisfaction est réalisée.

Pendant la première phase de sa vie amoureuse, phase qui se finit généralement avec la cinquième année, l'enfant trouve dans un de ses parents son premier objet d'amour sur lequel se concentrent toutes ses tendances sexuelles exigeant satisfaction. Le refoulement qui se produit à la fin de cette phase impose le renoncement à la plupart de ces buts sexuels infantiles et entraîne une profonde modification de son attitude à l'égard de ses parents. L'enfant reste bien attaché à eux, mais ses tendances primitives sont entravées dans leur but. Les sentiments qu'il éprouve désormais pour ces personnes aimées sont qualifiés de tendres. On sait que les tendances sensuelles antérieures persistent, avec plus ou moins d'intensité, dans l'inconscient. Avec la puberté surgissent de nouvelles tendances, très intenses, dirigées vers des buts sexuels directs. L'adolescent réussit, dans une certaine mesure, à opérer la synthèse de l'amour platonique, spirituel, et de l'amour sexuel, terrestre.

Au commencement était la mère. La figure maternelle est d'emblée et une fois pour toutes impliquée dans toute histoire d'amour. Dans les premiers temps, la mère et son enfant ont une relation très délicate : l'amour donné à l'enfant a pour fonction de le construire. Sans cette sorte d'amour, l'enfant ne pourrait pas gagner en autonomie et grandir. Les premiers soins créent des habitudes de contact. C'est en mangeant que l'enfant acquiert le sentiment originaire de l'amour. Le chemin vers l'autre se fait par la relation, l'assistance et l'accompagnement, en lien intime avec tous les moyens qui permettent d'assurer sa propre survie.

À l'origine, le petit d'homme a donc un rapport à l'amour qui « trempe dans l'oralité », la bouche étant le premier lieu de plaisir. Ainsi, il n'a pas d'amour sans référence à « l'enseigne du bon lait[1] » qu'est la mère. Il n'y a pas non plus d'amour sans désir. L'amour se sexualise en entrant dans la dimension désirante par l'Œdipe, qui pose la question de l'interdit et de la loi.

Je t'aime comme je m'aime

Il faut comprendre le concept de *libido* comme l'énergie du vivant. Le narcissisme est un stade normal de l'évolution de la libido. Ce que Freud nomme *narcissisme primaire* est un état que l'on ne peut pas directement observer, mais dont on doit poser l'hypothèse par un raisonnement récurrent. Il n'y a pas, à la naissance, d'unité comparable au moi. Le moi de l'enfant ne se développe que très progressivement. Dans le cadre de ce narcissisme primaire, le premier mode de satisfac-

---

1. LACAN, *Écrits*, Le Seuil, 1999.

tion de la libido serait essentiellement l'« auto-érotisme », c'est-à-dire le plaisir qu'un organe prend sur lui-même, lorsque l'enfant suce son pouce par exemple. Aussi bien le sein de la mère que sa voix ou son odeur peuvent être investis de cette manière. En effet, il n'existe pas pour le nourrisson une reconnaissance d'un autre entier et différent qui entraînerait chez lui la reconnaissance d'un moi propre, unifié et distinct. L'enfant ne se vit pas comme séparé de sa mère ; les deux forment un tout.

En venant au monde, l'enfant entraîne une reviviscence du narcissisme de ses parents, car ceux-ci lui attribuent toutes sortes de qualités et se mettent à lui forger un destin magnifique, destin auquel eux-mêmes ont dû renoncer. L'illusion de toute-puissance qu'entretient l'enfant est nécessaire à ce stade du développement, mais il ne peut la conserver. Ainsi, il est obligé de sortir du narcissisme primaire, puisqu'il se trouve confronté à un idéal auquel il doit se mesurer. Il s'agit d'un idéal imposé de l'extérieur par ses parents, sous forme de représentations culturelles et sociales que l'enfant va ensuite intégrer.

Cette substance énergétique qu'est la libido prend deux formes : il y a la libido que l'on conserve en soi (la libido du moi) et celle que l'on va diriger vers les autres (la libido d'objet). À l'aube d'une vie, quand le petit d'homme se construit, la libido évolue en circuit fermé. Elle est entièrement investie au sein de cet enfant afin qu'il se renforce et, aidé par sa mère, puisse un jour s'auto-assurer.

La toute-puissance infantile du narcissisme primaire est certes très agréable, mais il va falloir y renoncer pour entrer dans un monde d'échange, car la principale contrainte civilisatrice, c'est que l'enfant n'est pas seul ! Cette énergie va donc bientôt se déplacer vers l'extérieur, mais il est absolument indispensable que « l'investissement du moi » persiste, car tout individu a besoin d'une certaine quantité de libido pour survivre. C'est un peu comme si nous partagions sans mesure nos repas : au bout d'un certain temps, nous mourrions d'inanition après avoir rendu l'autre obèse ! Freud nous dit tout simplement qu'il faut s'aimer soi-même, et aimer les autres, mais « pas trop » dans les deux cas. Un *trop* comparable à une « tour de Babel narcissique » serait fatal et rendrait fou ! Cet amour de soi, la libido du moi, donc, est ce que les psychanalystes nomment le *narcissisme*.

D'un côté, la libido du moi, de l'autre la libido cédée aux autres : « Plus l'une absorbe, plus l'autre s'appauvrit[1]. » Dans cette pure logique mathématique, lorsque se présente l'état de passion amoureuse, la libido d'objet enfle à tel point que la personnalité propre se trouve dessaisie au profit de l'autre.

Ainsi, à chaque fois que nous tombons amoureux se trouve réactivé notre amour de nous-mêmes par l'intermédiaire de l'autre. Quand nous aimons, le moi se vide et sa libido se transfère vers l'autre, qui prend alors la place enviée du moi tel qu'il s'aimait à l'origine, un moi tout-puissant, océanique. Dans cette situation spéculaire[2], à la fois imaginaire et réelle, nous ne sommes plus rien pour nous-mêmes, mais tout pour l'autre : « Celui qui aime a, pour ainsi dire, payé amende d'une partie de son narcissisme, et il ne peut en obtenir le remplacement qu'en étant aimé[3]. »

---

1. « Pour introduire le narcissisme », in FREUD S., *La vie sexuelle*, PUF, 1992.
2. Selon *Le petit Robert*, spéculaire signifie « relatif au miroir ».
3. *Ibid.*

C'est dans le cadre de cet amour véritable que nous, les psychanalystes, avons été dès le début frappés par le fait que la personne aimée se trouve, dans une certaine mesure, soustraite à la critique, que toutes ses qualités sont appréciées plus que celles de personnes non aimées.

L'être aimé est traité comme le propre moi du sujet. Nous l'aimons pour les perfections que nous souhaitons à notre propre moi et nous cherchons par ce détour à satisfaire notre propre narcissisme.

Souvent, dans l'amour poétique de l'adolescent, le moi devient de moins en moins exigeant, de plus en plus modeste, tandis que l'autre devient de plus en plus magnifique et précieux. Il attire sur lui tout l'amour que le moi pouvait éprouver pour lui-même, ce qui peut avoir pour conséquence naturelle le sacrifice complet du moi. L'être aimé capture et dévore pour ainsi dire le moi. Dans tout état amoureux et passionnel, il existe une tendance à l'humiliation masochiste, à la limitation du narcissisme, à l'effacement total devant la personne aimée, à la soumission extrême et à la disparition des exigences sensuelles.

Ceci s'observe plus particulièrement dans l'amour malheureux, sans retour, car dans l'amour partagé, chaque satisfaction sexuelle est suivie d'une diminution du degré d'idéalisation accordé à l'autre. La critique se tait, le discernement disparaît, tout ce que l'autre fait et exige est bon et irréprochable. La voix de la conscience cesse d'intervenir dès qu'il s'agit de quelque chose pouvant être favorable à l'autre. Ainsi, l'objet désiré a pris la place, toute la place. La raison s'endort, mais la passion se lève aussitôt.

Dans l'aveuglement de la passion amoureuse, l'homme peut devenir héros fantastique, capable de tous les exploits et de tous les courages, mais aussi tempête, foudre et criminel sans remords.

Passion et mort de l'autre

La passion amoureuse est une souffrance provoquée par une inclination vive pour une personne. Un amour passionnel, c'est une adoration envoûtante ; une frénésie furieuse et maniaque se jetant à corps perdu dans un amour éperdu ; un moi jaloux ; une bouche grande ouverte, voulant manger l'objet de son désir avec avidité, fougue, ferveur, ardeur et fanatisme ; l'exaltation d'un attachement aveugle et irraisonné ; une projection folle et inquisitrice semblable à « une toquade à la Torquemada[1] » ; un amour persécuteur voué aux flammes du bûcher de l'anéantissement...

Le goût secret de la mort n'est pas une exclusivité de la passion amoureuse, car toutes les passions la cherchent et la chérissent comme le moyen efficace et définitif de posséder l'autre, de l'asservir ou de le supprimer. Magiquement, l'amour passionnel anticipe la possession et l'asservissement de l'être aimé : l'autre est déjà capturé et mis à la merci du désir passionnel. La persévérance du passionné est liée à la certitude d'être d'ores et déjà comblé, aimé, adoré. C'est comme si le fait d'aimer une personne nous donnait, naturellement, automatiquement et impérativement, la certitude qu'elle nous aime. « O mon Dieu, s'écrie Thérèse d'Avila... Vous étiez épris de moi d'un amour qu'on ne peut guère dire... Avec quelle véhémence ce grand Dieu se livrait à mon cœur... C'est assez, mon Dieu, modérez cette divine ardeur[2] ! »

---

1. Tómas de Torquemada (1420-1498) était un « dominicain espagnol [...] nommé inquisiteur général pour la péninsule ibérique [...]. Il poursuivit les Juifs avec une intransigeance qui a fait de lui le symbole du fanatisme. » (*Le petit Robert*).
2. « L'état de passion », in RONY J.-A., *Les passions*, PUF, 1994.

La passion amoureuse peut aussi faire naître l'angoisse, la peur de l'autre et provoquer ainsi des comportements agressifs et menaçants à l'égard de la personne aimée. Cette grande inquiétude peut faire basculer l'individu épris dans la confusion totale : perte de soi, perte de l'autre... Prisonnier de notre désir de possession, cet autre, que nous avons dans la peau et qui nous porte ardemment, s'y abandonne, et la relation bascule alors dans l'abîme vertigineux de la jalousie destructrice : théâtralité tragique où les « peaux cédés » tombent dans la folie de la « peau cession » des amants. Autrement dit, dans la passion amoureuse, les frontières disparaissent, les différences s'estompent, la chute des corps est abyssale, et les limites tombent tout comme l'idéal nuptial du « lit mythe » devient tombe fleurie.

À bas les différences !

Les psychanalystes disent : « Il y a la différence des sexes... Un sexe de femme n'est pas un sexe d'homme ! » Le mot sexe vient du latin *secare* qui signifie « couper ». Le sexe est donc une coupure qui implique que l'autre est un autre. Ce qui pose problème, c'est que dans l'amour se joue un fantasme de fusion qui vise à faire disparaître toutes les différences : « Je t'aime tellement que toi, c'est moi ! Quand tu manges, c'est moi qui digère ! C'est mon fils ! C'est mon mec ! C'est ma nana ! » L'amour consiste à s'aimer *dans* l'autre.

Voici ce que les amoureux nous disent : « Ni les dieux, ni les hommes ne pourront jamais nous séparer et encore moins nous empêcher de nous aimer ! Notre amour est plus fort que toutes les lois du monde... Toi, c'est moi et moi, c'est toi ! L'un dans l'autre, l'un par l'autre, nous sommes UN au milieu du cercle infini de l'univers qui contient tous les êtres, tous les espaces et toutes les temporalités ! Rien ne nous égale, nous sommes la source, nous sommes la vie, notre amour est immortel ! »

Autour de ce quelque chose qui échappe quand on parle d'amour

Rien d'important ne peut se faire sans le mouvement de la passion. Néanmoins, aimer peut donner lieu à un grand désespoir qui nous fait revivre nos doutes, nos peurs et nos échecs.

L'amour provoque un chamboulement de la personnalité dans lequel les tendances passionnelles les plus diverses peuvent se manifester : l'amour, la haine, l'orgueil, la vengeance, la revendication, la jalousie aveugle du passionné morbide, le rire, les pleurs, la joie, la tristesse, l'inquiétude, la violence… L'amour passion vit d'une vie subjective très intense, démesurément exigeante et souvent imperméable à l'expérience. Cet amour sera vécu par chacun en fonction de sa personnalité, de ses options et de ses affects profonds. Le fond de toute passion, c'est la passion de l'absolu. L'être aimé se trouve ainsi adoré d'un désir agité dans un château hanté dans lequel on entend des crissements, des bruits bizarres, des chaînes et des phrases inachevées…

Ce quelque chose qui échappe, aussi bien dans l'amour que quand on parle d'amour, ébranle la certitude de la personne amoureuse. L'excès de cette inquiétante étrangeté peut parfois être source d'inquiétude, de fuite ou encore d'affrontement. La passion et la raison se confrontent, et, de son âme inquiète, l'amoureux ne trouve plus ni ses repères ni ses limites. Il se répand dans des horizons de plus en plus amples.

Ce quelque chose qui échappe est un désir inconscient d'échapper à la mort. Autrement dit, il s'agit de la pratique intime de la pulsion de mort et de la recherche d'une justification légitime face au tribunal de notre propre conscience. En fait, nous voulons toujours échapper à notre culpabilité – par un jeu baroque de simulacres – afin de pouvoir satisfaire en toute impunité nos pulsions sadiques les plus cruelles, les plus jouissives et les plus inconscientes.

Dans la relation que l'amoureux établit avec l'objet de son désir, il y a un quelque chose de « raté », ou plutôt un rien d'irréductible qui résiste à toute séduction. Ainsi, le charme n'exerce pas son pouvoir absolu une fois pour toutes, il faudra le réactualiser sans cesse. Ce qui est étrange en revanche, c'est que l'objet d'amour n'offre aucune adéquation à l'amoureux, aucune garantie de satisfaction et encore moins de bonheur. L'attrait irrésistible de l'objet ne provient pas d'un besoin biologique à assouvir, puisqu'il peut même se révéler dangereux, allant parfois jusqu'au crime passionnel.

Ce quelque chose qui échappe, qui rate ou « pirate », dans les flots océaniques de l'amour est du côté de la soute du navire symbolique. C'est un compromis fragile entre la mer et le matelot, accompagné de fortes contradictions, entre l'angoisse infinie de la pulsion de mort et le désir magique de la conjurer.

Ce quelque chose qui échappe est du côté de l'ineffable, de l'innommable, de l'impensable : la jouissance.

D'une manière beaucoup plus concise, nous pouvons dire que ce quelque chose qui échappe, dans l'amour passionnel et les paroles enflammées de la personne amoureuse, c'est « le jeu moqueur de l'ambivalence sentimentale ». La passion est irrésistiblement contaminée par l'ambivalence. L'être aimé peut être considéré tantôt comme

vrai, positif, agréable et charmant, tantôt comme faux, négatif, désa-
gréable et méprisant, et même parfois, les deux tendances à la fois.
Ainsi pouvons-nous nous poser la question suivante : « L'objet de la
passion est-il ange ou démon ? »

Lorsqu'à la suite de Freud, nous disons qu'une partie de la libido du
moi se transfère sur l'autre, il faut compter avec une intelligence pro-
grammée extraordinaire. Nous pouvons ainsi repérer trois parts principales ou trois tiers dans le registre de l'amour. Le premier tiers, la
pulsion de conservation, est maintenu dans le moi pour assurer sa
défense. Le deuxième tiers constitue une partie de cette énergie
portée au-delà du sexuel, en faisant l'économie de sa satisfaction
directe. Cette sublimation permet une satisfaction pulsionnelle dont
le but n'est plus la satisfaction sexuelle. Le troisième tiers, enfin, est
donné à l'autre. C'est pourquoi lorsque nous affirmons que l'autre est
tout pour nous ou que nous sommes tout pour l'autre... c'est un
mensonge monumental !

La passion amoureuse constitue parfois le malheur dans le meilleur
des mondes ou le bonheur dans la pire des utopies. Elle est porteuse
d'une théâtralité bien étrange, d'un mystère qui possède et dépossède
les acteurs impliqués ; elle fascine et bouleverse.

Dans cette grande précipitation ou cette folle tempête, les amants
seuls savent mourir, jouir, se battre et vivre l'un dans l'autre et l'un
pour l'autre. Le danger, c'est la fin fatale de l'altérité et le règne irrésistible de la pulsion de mort. Celle-ci, au cœur même de l'homme,
est toujours séductrice et imprévisiblement tragique.

*
* *

Le mystère, c'est la mort de soi. La passion, c'est la mort de l'autre. L'amour, lui, veut abroger toutes les coupures et faire UN immortel… UNE jouissance… Cependant, nous sommes différents, mais cette différence ne tient pas tant à la différence des sexes qu'au rapport intime que nous entretenons avec la mort. Ainsi, cette différence de rapport à la mort joue, dans l'érotisme, bien plus que la différence des sexes.

En somme, le grand mystère de la passion amoureuse ne peut être saisi dans sa singularité spécifique que d'une manière multiple et plurielle, tel un évènement d'une frénésie volcanique, d'un retour trop vif à l'archaïque, d'un désir d'immortalité, d'une lumière bien étrange et d'une félicité ambivalente où l'on peut beaucoup, l'impossible, le meilleur, le pire, et parfois même l'ultime extase de mourir d'aimer et de jouir.

Le désir amoureux

Mareike Wolf-Fédida

Pourquoi désire-t-on l'autre, au point d'en tomber amoureux et de ne plus pouvoir se passer de lui ? Cette question s'impose souvent aux personnes commençant une psychothérapie suite à une déception amoureuse. Et comme la déception engendre le désespoir, ne pas savoir aimer est une entrave à la vie.

Obligatoirement, une autre question vient à l'esprit : ne serait-on pas mieux tout seul ? La solitude s'avère encore bien plus difficile à supporter pour beaucoup de personnes. Ne nous fions pas à ceux qui en font un hymne de vie. Il existe cependant bien une différence entre la solitude subie, la solitude par défaitisme ou la solitude recherchée pour faire le point sur soi-même. Ces « tranches de solitude » sont, dans une vie, parfois salutaires et indispensables pour repartir du bon pied. Vers quoi ? La quête de l'autre, bien sûr. Et voilà que la boucle se boucle.

Malgré la modernité ambiante, l'être humain conserve une certaine naïveté dans le domaine amoureux. Il résout des problèmes complexes avec pertinence, mais quand il s'agit de son comportement amoureux, il perd ses moyens. Il régresse dans son savoir. Des règles, nulle part inscrites semblent pourtant se transmettre d'une génération à l'autre, voire d'un individu à l'autre : comme une véritable contagion, elles diffusent un certain nombre de préjugés dans le domaine amoureux. C'est à croire que ces préjugés sont indispensables pour conserver le désir amoureux !

On peut dénombrer sept préjugés « capitaux » :

▶ S'imaginer qu'on est seul avant de rencontrer ses premiers émois amoureux.

▶ Croire que le premier amour est celui dont on se souvient.

▶ Supposer que l'autre commence sa vie amoureuse avec notre rencontre.

▶ Compter trop sur les changements suite à l'amour (révéler la partie cachée de soi, s'améliorer, rendre l'autre plus heureux qu'il n'ait jamais été, etc.). Toutes proportions gardées, par exemple, attendre une nouvelle rencontre pour arrêter de fumer, cela peut marcher comme cela peut ne pas marcher. Que faut-il alors conclure au sujet de la rencontre ?

▶ Penser qu'on a trouvé l'autre moitié de soi, celle ou celui qui est pareil. Le miracle.

▶ Considérer que le désir amoureux est « normal ». Les pires bêtises peuvent alors être considérées comme des conséquences normales de l'état amoureux. Vous grillez les feux, vous rentrez dans le mur en garant votre voiture, vous oubliez de nourrir votre chat qui fera la poubelle du voisin, au bureau vous versez le café sur le dossier au lieu de viser la tasse d'à côté. Tout cela est normal, car vous êtes amoureux. J. Lacan dit d'ailleurs que l'état amoureux est « le suicide du Moi ».

▶ Encore un tout dernier préjugé : l'amour est pur et non intéressé.

Notons que cette liste n'est jamais terminée, chacun pouvant l'agrémenter d'une touche personnelle. Examinons donc d'un peu plus près ces sept préjugés (et non les sept pêchés !) pour nous demander, ensuite, comment les contourner. Est-il possible de les éviter ? Si c'est le cas, est-ce pour autant souhaitable ?

« Vous semblez voir l'amour comme une maladie ! » m'a taquiné dernièrement un lecteur lors d'une séance de dédicace. « Une maladie plutôt agréable, certes. Mais, vous savez, en tant que psychanalyste, les gens viennent me voir quand cela va mal et non quand cela va bien. Donc, quand ils se sentent mal aimés, de quoi viennent-ils parler spontanément ? De leurs histoires d'amour, bien évidemment. C'est en ce sens que l'amour avec ce désir non élucidé et frustré cache un risque de maladie, » ai-je rétorqué à mon interlocuteur dubitatif.

En fait, la psychanalyse implique la découverte de l'inconscient. Et que cache-t-il cet inconscient ? Le désir, bien sûr ! Peut-il y avoir d'autre désir que le désir amoureux ? Oui, le désir d'être riche et puissant, le désir d'être célèbre et reconnu, le désir d'être aimé et reconnu pour ses mérites. Mais comme tout cela se mélange dans les esprits, il est inutile de distinguer de manière artificielle tous ces domaines. Essayez donc de convaincre un ou une de vos ami(e)s que ses sentiments envers son partenaire sont engendrés par la bonne situation de ce dernier. Il ou elle niera farouchement et vous aurez du mal à le (la) convaincre du contraire.

Je suis seul(e) au monde

Tout être humain est né à la suite d'une histoire d'amour. Aussi brève fût-elle, celle-ci a été nourrie d'espoir. Si cette histoire-là n'a pas pu durer, une autre est venue assurer une continuité. Chacun dispose ainsi du modèle d'histoire amoureuse de ses géniteurs ou de ceux qui l'ont élevé – si ce ne sont pas les mêmes. Pour s'occuper d'un enfant, il faut de l'amour et l'enfant rend cet amour à ceux qui l'aiment. Autrement dit, depuis la naissance commence à se tramer un passé amoureux.

Si l'on peut dire qu'un enfant n'est pas responsable – la responsabilité revient à l'adulte –, il n'est pas passif pour autant. Il participe nécessairement à ce qui se passe ; et comme il ne peut guère y échapper, il se sent également acteur. Il se sent concerné moralement parce qu'il est impliqué. Cela peut poser de gros problèmes psychologiques et causer des conflits car l'enfant éprouve autant de sentiments qu'un adulte. Ce n'est pas parce qu'on le traite de demi-portion qu'il se sent une moitié. Bien au contraire. Il est entier. Sa courte vie ne lui permet pas de relativiser les choses et de recourir aux ruses. Il est soumis à ses sentiments et doit apprendre à les dominer.

L'émoi amoureux, la frustration, la déception et les moments de bonheur, sont connus depuis la toute petite enfance. La vie familiale regorge de multiples exemples. Comment se fait-il qu'on ne s'en souvienne pas lorsqu'il s'agit de l'approche de l'autre ? L'éveil de la sexualité semble frappé d'amnésie. Si la sexualité est nouvelle, n'aurait-elle pas de passé ?

Ce qui est extraordinaire, quand une personne est de nouveau seule, c'est qu'elle recommence à se convaincre qu'elle est seule au monde. Elle ne veut pas savoir que l'amour filial fait également partie de l'expérience amoureuse. Incontestablement, il est difficile de se souvenir d'une situation heureuse et d'essayer de retrouver nos impressions d'alors. De toute évidence, elle implique une part de nostalgie et de regret la rendant douloureuse.

S. Freud a dit clairement que les unions réussies sont celles dont le choix du partenaire s'inspire du modèle des parents. L'homme idéal aura des traits du père, la femme idéale rappellera la mère. Le complexe d'Œdipe sert à expliquer comment l'enfant prend le parent du propre sexe comme idéal, s'identifie à lui et désire comme lui, le parent de l'autre sexe. Si la relation avec les parents a été conflictuelle, c'est la recherche du contraire qui motivera le choix amoureux. Bref, le désir est toujours un peu incestueux dans la mesure où l'association tourne autour du souvenir infantile.

Le premier amour est celui dont on se souvient

Ceux qui ont connu beaucoup de partenaires se plaisent à dire que, finalement, on oublie vite. Les amants dont on se souvient sont très peu nombreux, pas plus d'une personne ou deux.

Cela dit, se souvenir de son premier amour n'est pas si facile. Les souvenirs s'emboîtent et l'amour met en boîte celui qui veut le transformer en une histoire. Si le désir reste obscur et qu'une partie demeure inconsciente, les raisons en sont multiples. Le désir se joue dans l'intimité et comme le mot l'indique, il est préférable que l'intime reste caché. C'est ainsi qu'il se préserve. Ceux qui aiment exhiber leur amour cachent aussi une intimité connue d'eux seuls.

Le premier amour – enfin, ce qu'on appellera ainsi un peu précipitamment – se présente plutôt comme un trompe d'œil. Il s'impose à l'esprit pour cacher un autre amour qui en cache encore un autre. L'embarras du patient est grand quand il s'aperçoit après plusieurs décennies de mariage que l'amour a été nourri par une autre personne dans le passé. Finalement, les choses sont encore plus complexes et finissent par dénouer l'embarras.

Ainsi en témoigne la succession de prises de conscience chez un homme qui a accusé sa femme de tous ses malheurs.

Monsieur M. ne se sent plus bien chez lui. À l'approche de la retraite, il a perdu sa tranquillité. Le seul endroit qui le rassure, c'est le divan sur lequel il vient s'allonger plusieurs fois par semaine. De qui se méfie-t-il ? De sa femme, puis de toute la famille, de tout l'entourage. Après avoir détaillé les ignominies dont il a fait l'objet, son récit s'attarde sur le passé. Les premiers souvenirs d'enfance idéalisent la mère. Il a fallu presque deux années pour égratigner cette image trop positive et en esquisser un tableau plus sombre – au point que monsieur M. en arrive à douter de la filiation avec sa fratrie. Les récits de sa première relation, longue et vécue à distance, décrivent un amour absolu jusqu'au jour où sa bien-aimée se détourne de lui de façon incompréhensible. En creusant l'histoire, nous découvrons que sa fiancée avait des problèmes psychologiques importants faisant penser à une schizophrénie. Par ailleurs, les témoignages du patient expriment un attachement fort à la mère de sa fiancée. Elle représente en fait ce qui a été bon dans cette relation. Il lui faut à peu près un an, pour s'avouer qu'il a élevé sa fiancée au rang d'un amour absolu et inégalable à jamais.

Son épouse n'a jamais été de taille avec de telles exigences. D'ailleurs, ces traits idéalisés auraient pu être transposés sur une autre personne de la gente féminine dont il ose enfin avouer l'importance dans le passé. Il y avait eu des femmes avec lesquelles, s'il n'avait pas été marié, il aurait pu se passer quelque chose ! Après ces aveux, il reconnaît aussi qu'il n'a pas toujours été le bon mari qu'il aurait voulu être. Il découvre son désir dans maintes situations depuis sa toute petite enfance où il aurait voulu que quelque chose se passe autrement. Tout cela nourrit son imaginaire érotique. Peu à peu, il réalise ce que sa femme lui apporte. Il comprend que les frustrations sexuelles doivent être comprises dans le sens du désir. Sa femme n'aura pas envie d'aller vers lui s'il ne fait que communiquer par la frustration. En revanche, elle est prête à entendre son désir. Il réalise aussi que depuis qu'il épanche ses incertitudes par rapport à son mariage, sa femme est toujours là à le veiller, à lui faire la cuisine, à partager son temps avec lui. Entre-temps, ils ont fait l'achat d'une propriété qu'ils aménagent ensemble avec bonheur. Bientôt, monsieur M. estime que les déplacements vers ses séances sont trop longs. Il commence à ne plus trouver d'intérêt au divan qui était pourtant le seul endroit où il se sentait en sécurité.

Dans cet exemple, le premier amour de monsieur M. se cache sous les traits de la mère, relayée par la mère de la fiancée. Le récit du premier amour révèle quant à lui une histoire ratée dans laquelle la fragilité de la partenaire a résonné avec ses propres fragilités. Son épouse, avec laquelle il a construit une vie familiale et professionnelle très satisfaisante, condense un certain nombre de qualités qui lui sont indispensables, mais qui ne la désignent pas spontanément comme objet de désir. Non qu'elle soit dénuée de charme. Mais sa stabilité, sa conviction et sa fermeté – qui sont essentielles à monsieur M. – ne recouvrent pas l'imaginaire érotique de son désir. Tel est le dilemme se présentant à tout un chacun quand le désir doit satisfaire des exigences contradictoires.

Pour un jeune homme, le conflit aurait peut-être été insurmontable. Il aurait été pris au leurre. Mais monsieur M. fait preuve de la maturité de son âge. En travaillant sur lui, il arrive à faire la part des choses. Dans le cas d'une personne déjà plus âgée, le regard sur le passé peut servir à adapter davantage le désir à la réalité. Elle est en mesure de percevoir comment le mécanisme du désir l'empêche d'en jouir et lui joue des tours. À elle de s'y prendre autrement pour retrouver le plaisir.

Je suis le premier (la première)

S'il fallait se rappeler constamment que la vie est faite d'inlassables recommencements, aurait-on encore envie de quoi que ce soit ? Quand on se met à table pour déguster un repas, c'est bien comme si on le mangeait pour la première fois. Effectivement, il arrive qu'on se rappelle d'une autre occasion où celui-ci a été bien plus goûteux. Mais, cette idée est déplaisante. Mieux vaut vivre dans le présent, au moment où on assouvit sa faim. Ce raisonnement fait partie de l'opportunisme de la vie.

Il en va de même dans le domaine de l'amour. Comment susciter le désir en imaginant que cet autre avec lequel on projette de vivre a déjà tout vécu. Pire, il n'a pas déjà vécu cela une seule fois, mais de nombreuses fois et peut-être même en mieux ! Qui voudra se livrer à une expérience qui commence sous ces auspices-là ? Personne, sauf dans des cas de masochisme prononcé. Comme quoi, tout existe en psychopathologie ! Mieux vaut encore ici vivre la relation dans le présent et l'avenir dira si cela en valait la peine.

Tout comme le petit enfant, l'amoureux est mégalomaniaque. L'enfant grandit dans le regard de ses parents, ce qui l'amène à se considérer comme le centre du monde. Dans la fratrie, il a besoin de se dire qu'il est le plus aimé. Tous les conflits naissent lorsqu'on s'imagine ne plus être aimé. Ainsi, dans le couple, les scènes de ménage, les crises, la jalousie éclate quand l'un des deux doute. Il veut avoir tout pour lui. L'amoureux doit se consacrer à lui entièrement.

Les parents ne commencent à exister qu'avec la naissance de l'enfant. Sans enfant, ils ont été amants. Donc quoi de plus normal que l'enfant considère que l'existence de ses parents a débuté grâce à lui. Pour l'amoureux, c'est pareil. Convaincu du bienfait qu'il apporte à l'autre, il s'imagine que ce dernier n'a pas vécu avant de le connaître. La vie commence avec la vie amoureuse, selon une croyance naïve.

À force de vouloir réparer le passé pour mieux faire, le désir amoureux peut se voir entraîner dans un drôle de scénario où sa simplicité s'égare. Au lieu de vivre effectivement quelque chose de nouveau, les amants accumulent alors la fatigue engendrée par diverses histoires du passé.

L'amour change tout

Il est vrai que l'amour a le pouvoir de donner des ailes, de pousser les amants à se surpasser et de rendre la vie heureuse. Tout apprentissage et tout changement s'obtiennent à travers l'amour. Explorer ses capacités d'aimer constitue le b.a.ba d'une psychothérapie. C'est dire si cela ne vient pas de façon automatique ! L'amour commence par l'amour de soi. Il faudra savoir s'aimer soi-même pour pouvoir apporter quelque chose à l'autre. Mais pas trop non plus, car l'égocentrisme est contraire à l'amour.

Idéalement, le désir amoureux recouvre l'amour. Cependant, assez souvent, ils prennent des chemins différents. L'état amoureux est parfois recherché pour lui-même. Dans ce cas de figure, les changements incessants de partenaire permettent de préserver l'état amoureux, la transition vers l'histoire d'amour n'ayant jamais lieu ce qui épargne à la personne un travail sur soi. Dans le chapitre « Amoureux n'est pas l'adjectif de l'amour » (dans *Amour, Identité et Changement*), j'explique cette drôle de dynamique. La grammaire amoureuse ne correspond pas toujours à la logique du dictionnaire.

Un sentiment implique un but. Quand on éprouve une émotion, il faut en faire quelque chose. Puisque l'autre l'a déclenchée, il faut faire quelque chose *avec lui* pour concrétiser ce sentiment. Le dicton dit qu' « il n' y a pas d'amour, seulement des preuves d'amour ». La sagesse populaire nous signifie donc que l'amour doit être utile pour l'autre. « S'il ne fait rien, cela ne sert à rien. C'est du vide, des paroles en l'air. » Par conséquent, si l'amour change quelque chose, c'est surtout qu'on a fait soi-même l'effort d'inscrire cet amour dans un changement. Cela est aussi vrai pour soi-même que pour la ou le bien-aimé(e). Deux amoureux peuvent ainsi attendre tout de l'autre tout en se sentant cruellement déçus que rien n'arrive.

Il n'est donc pas question d'incriminer l'autre pour le désir qu'il aurait déclenché et dont il n'aurait pas satisfait la promesse – comme s'il s'agissait d'un contrat de vente implicite. Quand vous achetez un aspirateur, vous vous attendez à ce qu'il aspire les détritus et que ce soit propre. Si, en revanche, vous devez passer derrière pour ramasser, il n'a pas tenu sa promesse de vente. Il n'y a pas de propreté. – Cette logique commerciale se trouve souvent à l'œuvre dans le rapport amoureux : nous considérons à tort que l'autre est responsable du désir qui nous habite. L'autre est magnifié comme objet d'amour et a intérêt à tenir les promesses qu'on a projeté sur lui. Ce fonctionnement, qui n'est pas conscient, explique que les amoureux ne comprennent pas comment, après avoir passé un moment idyllique, tout va mal. Pour revenir à l'exemple de l'aspirateur qui aspire (à) beaucoup de choses, c'est comme si on s'attendait à ce qu'il nettoie aussi la moquette en profondeur, à ce qu'il fasse cireuse pour le parquet, à ce qu'il lave les rideaux et à ce qu'il enlève les taches du fauteuil. S'il ne fait pas tout cela, c'est un mauvais aspirateur.

Pour citer la fameuse formulation de J. Lacan « aimer, c'est donner ce qu'on n'a pas à quelqu'un qui n'en veut pas » : ce n'est pas un commerce équitable. Certes, l'amour est un moteur de changement important, à condition qu'il s'inscrive dans l'échange avec l'autre.

L'autre moitié

Il est d'usage de parler de son conjoint comme de « son autre moitié », de « sa meilleure moitié ». Cela implique confusément que sans lui, la personne n'est pas complète et même qu'elle était incomplète avant son arrivée. Cette croyance laisse quelque peu songeur et n'est pas sans angoisser ceux qui n'ont pas encore trouvé leur moitié ou qui n'en sont pas sûrs.

La mythologie grecque donne l'exemple de Narcisse qui, se contemplant à la surface de l'eau, ne se reconnaît pas. Il trouve son reflet tellement beau qu'il en tombe amoureux. – Que faut-il en retenir ? Qu'on tombe amoureux de celui qu'on idéalise comme meilleur que soi ou qu'on tombe amoureux de soi considéré sous un autre angle ?

L'enfance permet de nouveau d'éclairer notre regard naïf. Jusqu'au huitième mois, le bébé se confond avec sa mère. Il se voit à travers le regard qu'elle porte sur lui. Il est en quelque sorte le visage de sa mère. Le processus amoureux fonctionne de la même façon : dans le coup de foudre, c'est en voyant subitement l'autre, notamment ses yeux, que le désir s'éveille chez l'amoureux. Il s'y reconnaît. Soudainement, il sait qu'il s'agit de lui et toutes ses forces se mobilisent.

Le désir amoureux concerne donc en quelque sorte une appropriation de soi. Quelque chose qu'on a perdu, même si on l'ignorait jusque-là, semble enfin retrouvé. Ensuite commence le travail de conquête de celle ou celui qu'on a trouvé – ou retrouvé – comme si l'on s'était perdu soi-même.

On parle aussi de « ma promise » - comme si le destin de chacun se trouvait inscrit dans un livre secret. Telle personne figure quelque part entre ses pages et, croisée soudainement, la rencontre se passe sous le sceau du destin.

L'autre moitié mobilise tous les souvenirs de l'enfance. On voit dans l'autre sexe le petit garçon ou la petite fille qu'on aurait pu être. On se reconnaît en lui en d'autres circonstances par un subtil mécanisme de projection à travers le temps et l'espace. Le processus amoureux est en ceci analogue avec la parentalité. Le parent projette sur son enfant tous ses désirs et tous ses espoirs : il y voit le meilleur de soi, le meilleur de son histoire amoureuse. Il prévoit pour son enfant un avenir meilleur que le sien à travers lequel il aura l'occasion de réparer les blessures du passé. – En langage amoureux n'appelle-t-on pas l'autre son « bébé » ?

Le désir amoureux est « normal »

La normalité est difficile à définir, on peut même se demander si elle existe. Aujourd'hui, l'opinion publique s'est résignée à ranger la normalité du côté statistique. Autrement dit, si quelque chose existe chez une majorité de personnes, c'est que cela doit constituer la normalité, dans le sens de la norme. Reste à savoir si cette norme créée par le plus grand nombre est synonyme de bien et de « non pathologique » ?

Suivant cette logique, on pourrait chercher à savoir combien de personnes se déclarent amoureuses ? Mais tous les sondages se heurtent aux mêmes problèmes : les propos les plus simples sont interprétés de manières si diverses qu'on doute de la validité du résultat. Une personne « normale » ne parle pas de « désir amoureux », elle se dit « amoureuse » ou non. Elle a aussi une certaine idée (préjugé) sur le bonheur. Pour certains, « amoureux » est synonyme de « heureux ». Pour d'autres, c'est le contraire. Combien de poètes et d'écrivains nous ont habitués à l'idée que les amours sont rarement heureuses. « Amour ne rime pas avec toujours », dit un autre dicton.

Le désir amoureux, considéré comme normal par l'opinion publique, justifie de nombreux écarts de conduite Si vous faites une bêtise parce que vous avez bu de l'alcool, c'est mal vu. Si vous agissez au nom de l'amour, c'est différent. Dans le premier cas vous êtes égoïste, dans le second altruiste.

L'idée de latence est compliquée. Cette notion émane de la psychologie, plus particulièrement de la psychanalyse. La latence signifie que quelque chose peut être présent sans se déclarer. Ceci est exactement le cas pour le désir amoureux. Il est plus présent qu'on croit, mais effectivement, on déclare rarement sa passion à une autre personne.

En médecine, la notion de latence recouvre celle de maladie. Vous *couvez* un rhume, vous êtes *porteur* d'un virus, d'un gène de maladie rare, etc. De même, en psychologie la notion de latence appartient davantage à la psychopathologie[1]. C'est en ce sens que le désir amoureux peut parfois rendre « malade ». C'est un vaste champ.

---

1. Discipline des maladies mentales et des affections psychiques.

Par exemple, s'il est difficile d'établir des statistiques au sujet du désir amoureux, on dispose en revanche des statistiques sur la consommation d'antidépresseurs. Le pourcentage est élevé. C'est à se demander si ces statistiques ne traduisent pas le dilemme causé par le désir amoureux, à savoir que l'autre est imprévisible, donc pas maîtrisable. Alors le désir amoureux en puissance sera inhibé et se solde par une dépression.

Enfin, un dernier point de vue, typiquement masculin, que je rencontre fréquemment dans des colloques en discussion avec mes collègues psychiatres : l'histoire de la pulsion, des hormones et de l'adrénaline. Tout ce qui est organique est considéré comme « normal » et si tel « taux » s'avère déséquilibré, il est *normal* d'intervenir avec le médicament. Ainsi, selon ce point de vue médical, de nombreux individus qui ne font qu'obéir à leurs pulsions ne s'inscriront pas dans la logique du désir amoureux. L'homme qui fréquente des prostitués ne fait que satisfaire ses pulsions. C'est une question d'hygiène. En revanche, le violeur, l'agresseur sexuel, lui, est soumis à ses pulsions et il faudra les réguler. Ce raisonnement est commode et il est difficile de prouver le contraire. Ceux qui règlent leurs problèmes sexuels auprès des prostitués ne vont pas nécessairement faire une psychothérapie et les délinquants sexuels encore moins. Ce qui caractérise ces derniers, c'est qu'ils rejettent toute faute de leur part. Pourtant, il arrive que les uns et les autres consultent un psychanalyste et là, le désir amoureux constitue leur principale préoccupation. Après tout, les sécrétions du corps n'empêchent pas le désir amoureux, bien au contraire.

L'amour est innocent

L'amour serait un sentiment pur touchant au plus profond de soi, telle-ment archaïque qu'il est innocent. Comment pourrait-il en être autre-ment ? Quand on voit dans la presse, à la rubrique « faits divers », les dégâts que l'amour peut provoquer, on commence un peu à douter de son innocence. Peut-on vraiment tuer par amour ? Au lieu de nous avancer sur ce terrain instable, je propose de reprendre la réflexion en considérant de nouveau le modèle de l'enfant.

Au sujet de l'amour, l'adulte raisonne comme un enfant. Tout ce que dit l'enfant est vrai et il prend pour preuve le fait de l'avoir dit. C'est un raisonnement tautologique, renvoyant ainsi sur soi : « Puisque j'ai pu dire cela, c'est que c'est vrai. » Il s'agit de l'exploration de l'élasti-cité du mensonge : par où commence-t-il et jusqu'où peut-il aller ? La force de l'énonciation est également une preuve qu'on existe. Voyez des propos tenus par provocation, juste pour mieux se sentir exister !

Donc, pour commencer, quand on dit une chose, on la considère comme vraie même si, en général, elle est fausse. Peu à peu l'enfant arrive à faire la part des choses et à s'adapter à la réalité. Il n'y a que les schizophrènes qui restent accrochés au fait de considérer une chose et son contraire dans une même pensée. Dans la littérature spé-cialisée, est souvent cité l'exemple d'un homme qui dit « je t'aime » pour avoir la paix. Curieusement, nous avons tous croisé aussi beau-coup d'autres exemples d'hommes et de femmes non schizophrènes qui disent la même chose pour le même effet. C'est à croire que dans le domaine de l'amour, les schizophrènes ne disposent plus de l'exclu-sivité des messages contradictoires.

L'enfant et l'amoureux, se comportent comme le chercheur : ils posent une hypothèse à laquelle ils sont obligés de croire afin de la vérifier. Autrement dit, à partir de la déclaration d'amour, l'amoureux verra bien comment celle-ci fera ses preuves à travers le temps. C'est parfaitement honnête en termes de recherches scientifiques, mais est-ce pour autant innocent ? Chez l'enfant, oui, il a besoin qu'on s'occupe de lui. Il compare ses parents avec ceux des autres enfants. L'adolescent a également besoin d'indulgence pour faire des expériences. La découverte de la sexualité ouvre à la dimension sociale. Doit-on pour autant se comporter à l'âge adulte comme si on avait besoin d'être élevé et nourri en attendant de son partenaire qu'il soit un idéal maternel ? Bref, l'amoureux est un chercheur subjectif, ce qui est contradictoire.

Aussi néfastes que puissent paraître les drames d'une vie amoureuse – l'incendie d'une chambre, l'enlèvement des enfants, les biens passant par la fenêtre, etc.– la pureté du sentiment éprouvé, surtout en état de crise, se veut sans appel. Moins dramatiques, mais aussi destructrices, les querelles du couple au quotidien finissent par limer la santé de chacun et toute idée constructive. Chacun se réclamera de son sentiment d'amour et du désir que cela aille bien. Chacun aura raison, chacun souffrira à sa manière.

C'est que le désir s'en mêle et il n'est pas aussi pur qu'on voudrait le croire. Il veut être satisfait de manière égoïste. Comment satisfaire un désir qui ne serait pas pour soi ? Tout désir est égoïste par essence, mais il doit s'adapter au désir de l'autre, ce dont il n'a pas forcément envie.

En bref, l'amour et le désir amoureux sont purs dans la mesure où ils sont éprouvés de manière authentique. Mais, ils sont loin d'être innocents. Ils sont chargés d'attente. L'enfant aime ses parents pour la protection et le bien-être qu'ils lui procurent. Nous aimons ceux qui nous font du bien. Donc, le désir amoureux implique un retour sur soi grâce à l'autre. Il faut qu'il éveille chez l'autre l'attente des choses positives qu'il peut donner. Parmi celles-ci comptent les choses matérielles et immatérielles. Car si le sentiment doit pouvoir se matérialiser pour être symbolique, le symbole ne fait pas le travail de l'amour. Offrir une bague et disparaître, cela ne marche pas. Il faut la présence *et* le cadeau !

*

* *

Il n'y a pas de sexualité sans désir. Aujourd'hui, le médicament peut aider les performances physiques de l'acte sexuel, mais il ne peut résoudre le manque de désir. Le Viagra aide la performance érectile, mais la fiche accompagnant la boîte du médicament précise bien qu'il n'est efficace que dans une situation de désir. Mais le désir de quoi ? Si ce n'est pas le désir amoureux, ce serait le désir de montrer qu'on est performant ?

Certes, ce n'est pas une règle, mais les cas de stérilité qui se résolvent après une adoption ou en changeant de partenaire existent. Pourquoi alors s'acharner sur la procréation quand on n'en veut pas ou pas avec ce partenaire-là ? Pour montrer qu'on est performant ?

Décidément, dans le désir amoureux, on ignore facilement beaucoup de choses ! Vouloir se montrer performant ne peut pas constituer l'objet du désir. Il s'agirait plutôt d'un excès de désir qui ne peut pas se nommer et trouver une expression tranquille.

Il ne faudra surtout pas conclure sur le désir amoureux, il est contradictoire et inépuisable. Il est évident qu'il est alimenté à partir des préjugés que nous avons passé en revue. Trop d'analyse tue le désir. Celui-ci agit comme un équilibriste, cherchant à satisfaire toutes les parties, soi, l'autre et la réalité.

C'est la force de la rencontre avec une personne qui peut susciter une telle énergie et rendre l'amoureux curieux comme si c'était la première fois. Il est nécessaire de faire un peu abstraction de toutes les recommandations pour ne pas s'inhiber. Mais dès que cela risque de déraper ou que cela ne se passe pas comme prévu, on ferait bien de se rappeler les préjugés. N'oublions pas d'être tout de même un peu responsable de ce qui nous arrive. Évidemment, il est plus agréable de se placer d'un point de vue passif en subissant le désir amoureux. Sachons quand même qu'il existe une instance qui établit la synthèse et qui s'appelle le « Moi ».

Pour saisir le désir amoureux, il suffit d'imaginer le yin et le yang de la philosophie bouddhiste. Entremêlés, l'un ne peut exister sans l'autre. Le désir amoureux a besoin de ses contradictions et de ses parts obscures. Ce qu'on y perd, on le gagne par ailleurs.

CHAPITRE 2

La vie de couple

Un avatar de l'amour : la dispute

Sarah Grizivatz

La presse féminine abonde en articles plus ou moins sérieux sur l'exploration des méandres de la vie de couple.

En effet, quelle femme, pourtant sceptique, ne s'est jamais adonnée au plaisir toujours ludique de pratiquer les innombrables tests dits « psychologiques » que proposent les magazines, avec pour thème « Quel homme est fait pour vous ? », ou encore « Quel type de couple êtes-vous ? » Elle se découvre alors, selon les grilles de résultats, femme passionnée ou timide, femme fatale ou ingénue…

Quel que soit l'intérêt porté à ce genre d'exposé, le plus frappant est que la question du couple amoureux est le grand favori, « le » thème privilégié de la presse féminine. Si les couvertures multiplient les titres aguicheurs, tels que « Pourquoi ça ne marche pas avec les mecs ? », c'est que la demande est massive : le monde entier veut comprendre les rouages si complexes de l'amour !

Pour l'heure, nous avons décidé de traiter exclusivement la question douloureuse ou ridicule des disputes qui jalonnent la vie à deux. Voilà un « avatar de l'amour » qu'hommes et femmes ne peuvent prétendre méconnaître, et qui pourtant ne mobilise guère la littérature psychanalytique si ce n'est le très bref chapitre que lui consacre

Didier Anzieu dans son ouvrage *Créer, détruire* sous l'intitulé « La scène de ménage[1] ».

Ce thème est le plus souvent abordé sur le ton de l'humour, si l'on en croit les catalogues non exhaustifs des reproches susceptibles d'être adressés à son conjoint. Cette voie est légère et ne peut que faire sourire le lecteur, qui reconnaît invariablement dans la liste une parole jetée un jour au visage de son partenaire. Les disputes, se greffant généralement sur les aspects les plus triviaux de la vie quotidienne (« Je ne supporte plus que tu ne fasses jamais la vaisselle ! »), traduisent-elles d'anodines scènes de ménage ou des violences qui reflètent le malaise profond d'un couple ? Nos disputes sont-elles « normales » ou pathologiques ?

Notre objectif est ici de comprendre le sens, l'utilité, voire le bénéfice de la dispute au sein d'un couple : que signe-t-elle ? À quoi sert-elle ? Est-elle un bien ou un mal ?

Pourquoi choisissons-nous de vivre en couple (puisque nous nous disputons) ?

Les discussions entre amis ont ceci d'utile (ou de navrant) qu'elles nous apprennent que « les autres » ne se disputent pas autant que nous. C'est donc bien que chaque couple pratique la dispute à sa manière, même si l'on constate régulièrement que les thèmes de discorde sont peu originaux : « Cette expérience, exceptionnelle dans certains couples, s'installe à titre d'habitude chez d'autres[2]. » Didier

---

1. « La scène de ménage », in ANZIEU D., *Créer, détruire*, Dunod, 1996.
2. *Ibid.*

Anzieu nous dit même que la dispute peut pour certains s'élever au rang de passion, et ce, « aux deux sens du terme : la scène de ménage *humilie, avilit et fait souffrir* (elle est faite pour cela) ; en même temps, *elle fait monter le potentiel du couple vers un paroxysme* qui l'apparente à certains rituels religieux et qui introduit les partenaires, à travers des sentiments d'épouvante et de grandeur, à la dimension maudite du sacré. »[1] Ainsi, nous pouvons postuler d'emblée que la dispute est susceptible de produire autre chose que de la douleur et qu'elle ne se cantonne pas à une fonction de décharge rendue nécessaire par l'accumulation de griefs à l'égard du conjoint.

Avant de se demander pourquoi nous nous disputons, il est sans doute pertinent de tenter de comprendre les motifs qui nous poussent à vivre en couple. Selon Didier Anzieu : « La raison originaire semble être la peur de la solitude, le besoin archaïque d'un étayage des fonctions psychiques sur un objet primordial, la nécessité de parer l'angoisse d'un retour à l'état de détresse lors des frustrations, des échecs, des stress de l'existence[2]. » Il semblerait donc que l'humain soit perpétuellement menacé par la perspective de la solitude et ce, dès la prime enfance, alors que le nourrisson se trouve pris dans ce que Freud appelle « l'état de détresse ». L'enfant impuissant est alors dépendant d'une personne secourable qui comprend ses besoins et y répond. Cette situation constitue le paradigme fondamental de la relation à l'autre. Alors que l'état de détresse se voit dépassé – l'enfant devient capable d'exécuter par lui-même ce qui lui est nécessaire –, il semble que cette expérience incontournable pèse toute la vie parce qu'elle est intriquée à la peur de perdre l'amour de l'être aimé.

---

1. *Ibid.*
2. *Ibid.*

La vie à deux a pour but (entre autres) de conjurer la possibilité de retourner à cet état premier. Les hommes recherchent aussi activement que les femmes à partager leur quotidien avec un partenaire. Les deux sexes sont donc concernés au même titre par cette forme d'angoisse.

Didier Anzieu fait l'hypothèse que les amoureux partagent « un même morceau de surface cutanée[1] » et ce, selon sa fameuse théorie du « moi-peau ». Il justifie en partie cette thèse par le fait que les amants recherchent sans cesse le contact physique. Véritables jumeaux, ils fonctionnent comme dans un monde clos, entourés d'une « enveloppe pare-excitation globale[2] », laquelle est constituée « avec les peaux imaginaires de leurs mères respectives (ou de leur tenant lieu) qu'ils ont emportées avec eux en se séparant de celles-ci[3] ».

On peut se demander si le couple ne chercherait finalement pas à raviver l'illusion de toute-puissance du nourrisson qui se vit encore comme non distinct de sa mère et dont le moi ne s'est pas encore individualisé. Or, une telle croyance ne peut tenir autrement que très ponctuellement : il faut démonter l'illusion d'un amour total et fusionnel dans lequel l'intégrité de chacun serait abrogée au profit d'une transparence malheureuse pour le couple : un cœur pour deux êtres n'est pas souhaitable ! En effet, s'oublier dans un don ultime de soi, s'aliéner à l'être aimé engagerait le risque d'une annihilation du narcissisme et par suite un danger vital.

---

1. *Ibid.*
2. *Ibid.*
3. *Ibid.*

M'entends-tu mieux si je crie ?

Lorsque Didier Anzieu fait l'hypothèse du fantasme d'une peau commune, il en tire les conséquences suivantes : « De cette topographie psychique de l'espace imaginaire du couple amoureux découlent un certain nombre de propriétés dont l'observation la plus courante confirme l'existence :

▶ chacun a un besoin constant de *la présence physique de l'autre*, ou, à défaut, de ses lettres, de ses coups de téléphone ;

▶ chacun a le désir de se rendre *totalement disponible pour l'autre* et chacun déplore les contraintes sociales et professionnelles qui limitent cette disponibilité ;

▶ chacun demande à l'autre de *donner sens à sa vie* ;

▶ chacun sollicite l'autre *d'exercer à sa place les fonctions psychiques défaillantes chez lui*, par exemple : qu'il soit sa mémoire, son jugement, sa volonté ; qu'il soit aussi *le dépositaire tranquille de ses plaintes, de ses colères, de ses angoisses* ;

▶ chacun attend que l'autre *anticipe ses désirs, ses malaises*, qu'il les *devine* sans qu'on ait à les lui formuler et qu'il prenne l'initiative de *combler ces désirs, de guérir ces malaises* ;

▶ chacun veut que l'autre lui donne des signes de son amour, *signes toujours à répéter*, et dont une bonne partie consiste en *des preuves de similitudes* (si tu m'aimes vraiment, tu dois penser comme moi, réagir comme moi, sentir les mêmes choses que moi)[1]. »

---

1. *Ibid.*

Cette liste révèle que chaque partenaire a pour l'autre une véritable fonction d'exutoire : il sert à se soulager, à se débarrasser. Ainsi, chaque amoureux devrait sans broncher se faire le réceptacle, le dépositaire inconditionnel des états d'âme de l'autre. Qui plus est, il est tenu de venir réparer ce qui, dans l'autre, fait défaut, c'est-à-dire qu'il ne doit pas déroger à cet accord tacite selon lequel s'aimer serait synonyme de suppléer le ou les manques de l'autre !

Dans ces conditions, on comprend aisément que les disputes viennent régulièrement battre le rappel : comment honorer constamment un tel contrat ? Où se trouve l'individualité, la singularité et surtout la liberté de chacun dans cette triste conception de l'amour ? Est-on vraiment en droit d'attendre de l'autre qu'il joue le rôle de l'objet primordial à jamais perdu ?

En admettant – dangereuse utopie – que chaque partenaire remplisse parfaitement tous les points de cette liste, quelle place accorder au désir ? Nous savons que l'insatisfaction est le régime même de la vie affective : l'humain n'est jamais repu, il n'y a pas de satisfaction possible et heureusement ! Lorsque Freud, dans *Les trois essais sur la théorie sexuelle*, nous dit que « trouver l'objet est à vrai dire le retrouver[1] », il énonce un des piliers de la psychanalyse, à savoir l'idée tragique et coextensive à la constitution de la sexualité humaine : l'objet d'amour est par définition un objet perdu, c'est-à-dire qu'il y a quelque chose d'intrinsèquement perdu au cours de l'expérience sexuelle. Tout objet trouvé est dans une position substitutive, ce qui signifie que l'être aimé n'est jamais exactement celui que nous attendons. Il y a une inadéquation de principe et d'essence entre l'objet d'amour et la

---

1. FREUD S., *Les trois essais sur la théorie sexuelle*, Gallimard, 1987.

recherche vers laquelle le désir porte. Cette expérience fait tout le tragique de la vie humaine, mais surtout, elle permet de lancer le désir dans un mouvement incessant.

Ainsi, un couple amoureux dans lequel il n'y aurait pas de place pour cette insatisfaction, où chacun répondrait totalement à la demande de l'autre, serait profondément ennuyeux, mais surtout, il ne serait pas viable !

Pourquoi révéler les déboires d'un couple « privé » quand on peut exploiter la veine cathodique ?

Inspirée du film *American Beauty*, la série *Desperate Housewives*, véritable évènement outre-Atlantique, est désormais visible sur le petit écran français. Nous avons ainsi pu découvrir récemment les péripéties de quatre ménagères engluées dans le quotidien désespérant d'une banlieue chic américaine.

L'une d'elles semble avoir revêtu pour nous les oripeaux de la caricature… Bree Van de Kamp est une mère parfaite doublée d'une épouse modèle, qui évolue dans un univers aseptisé par ses soins. Sa maison comme ses affects sont passés méthodiquement au tamis de l'hygiène. La fantaisie est proscrite par cette experte ès obsessions, qui s'emploie à déjouer tout évènement inopiné. La vie doit s'ordonner autour d'un seul credo : le contrôle.

Pour honorer un tableau familial qu'elle souhaite digne d'une image d'Épinal, les dîners ressemblent chaque soir aux performances compassées d'un grand chef. Bree anticipe surtout constamment le moindre désir qui aurait le malheur de naître chez son mari. Il faut combler systématiquement et massivement le manque de l'autre, le manque nécessaire à l'émergence de son désir. M. Van de Kamp et ses enfants ne sont pas rassasiés après un repas, ils sont gavés ! Que reste-t-il à espérer quand le désir n'a même pas le temps de se poser comme tel parce qu'il est devancé et « obturé » ?

Inutile de préciser que cette famille fictive a fini par prendre les armes...

Puisqu'une telle perfection n'est pas souhaitable et parce que de toute façon elle est par essence impossible à atteindre, il est compréhensible que la dispute vienne souligner la perpétuelle insatisfaction du désir humain. La scène de ménage, vue sous cet angle, serait le signe et le garant d'un désir heureusement intact (toutes proportions gardées évidemment, nous ne faisons pas les louanges de la violence quotidienne). Dès lors, nous pouvons entendre l'acceptation commune selon laquelle un couple qui ne se dispute jamais est suspect !

Maintenant que nous avons souligné le caractère très « vivant » de la dispute (« Je désire donc je vis ; je me dispute donc je désire »), penchons-nous sur ses paradoxes.

Quand nous soulignions dans le titre de cette partie que la dispute est un bien curieux biais pour faire entendre ses reproches, c'est parce que le fait de parler fort (voire de crier) n'est pas toujours le meilleur moyen de s'assurer une écoute favorable et constructive !

Qui n'a jamais connu l'escalade démesurée d'une « prise de bec » ? La dispute éclate à propos d'un petit rien (« Tu as encore oublié de descendre les poubelles ! »), qui fournit l'occasion de déverser trente ans de griefs plus ou moins recevables : « La scène de ménage s'auto-entretient, se nourrit et s'exacerbe d'interprétations jetées à la figure, de silences entendus comme méprisants, d'une escalade verbale qui finit par prendre une forme de délire à deux[1]. »

Alors qu'un face-à-face posé aurait permis d'échanger, d'analyser, et dans le meilleur des cas d'admettre la véracité des blâmes qui sont adressés, la dispute entérine la certitude de chaque parti selon laquelle l'autre est « le » coupable. La scène de ménage voudrait pointer et éclaircir un mécontentement, une incompréhension ou une souffrance, mais elle ne fait qu'exaspérer la plainte qui l'inaugure. Il est d'ailleurs intéressant de noter cette façon qu'a chaque amant de charger l'autre afin de se dédouaner. Il serait pourtant tellement plus simple de commencer par s'interroger sur sa responsabilité individuelle dans le malaise du couple avant de mettre en commun le fruit de cette introspection pour crédibiliser ses propres réprimandes. Si la dispute est un appel au secours, il pèche par sa forme !

La dispute est-elle un bien ou un mal ?

Dans son *Journal de la création*[2], Nancy Huston, romancière et essayiste, se penche sur quelques couples d'écrivains célèbres. Elle s'appuie sur une série d'émissions radiophoniques les concernant, diffusée il y a quelques années sous le nom *Scènes littéraires, scènes de ménages*. Quelles que soient les conséquences du mode de relation de ces artistes, il apparaît que les avatars de leur vie de couple servent véritablement d'impulsion, voire de source d'inspiration à leur œuvre littéraire.

---

1. *Ibid.*
2. HUSTON N., *Journal de la création*, Actes Sud, 2001.

Qui ne connaît pas la très mouvementée histoire d'amour des
« amants de Venise », alias Alfred de Musset et George Sand ? Ils se
nourrissaient des écueils de leur vie amoureuse pour servir leur art,
faisant de leurs frasques un élément fécond.

George Sand (de six ans l'aînée de son amant) et Alfred de Musset
avaient déjà largement joui du succès de leur œuvre littéraire avant de
se rencontrer ; « la littérature fait donc partie de la « donne » de
départ[1] » au moment où ils décident de partager leurs vies.

Le jeune Alfred de Musset, réputé pour son inlassable goût pour la
débauche, sera séduit par les scènes d'amour physique qu'il trouve
dans le roman de George Sand, *Indiana*. Il s'étonne de ce qu'une
femme puisse cumuler le talent d'écrivain et la culture de l'érotisme.
« Il adresse des vers à George Sand… et la machine à mots du tandem
terrible se met en marche[2]. »

Machine à mots, tandem, en marche, est-ce à dire que ce couple fougueux
s'abreuvait à la source de son amour pour alimenter son art ? Précisément, mais la chose n'a en elle-même que peu d'originalité vue sous
cet angle. En effet, quel poète ne s'est pas fait le chantre de l'amour ?
L'originalité de leur relation amoureuse est d'avoir su puiser l'inspiration dans le moteur que constituait la force de leurs sentiments, mais
aussi dans la violence qui s'en dégageait.

L'écriture se sert de la vie réelle : l'histoire d'amour est mise en
œuvre, chaque crise est considérée comme chargée d'un potentiel littéraire. Il n'y a donc aucun intérêt à être heureux puisque cet état
n'est pas fécond. Au contraire, il faut se briser, c'est le seul moyen de

1. *Ibid.*
2. *Ibid.*

magnifier son art. Ce mode de fonctionnement – s'il est directement lié ici à la volonté de parfaire l'œuvre littéraire de chaque écrivain et ce, avec un bénéfice narcissique non négligeable (en effet, les productions de George Sand et d'Alfred de Musset leur ont survécu) – permet également d'éclairer l'utilité de la dispute au sein d'un couple. Il semble tout à fait évident qu'hommes et femmes se livrent plus ou moins sporadiquement à cette forme de violence afin de parer à l'ennui qui menace leur quotidien. C'est peut-être un lieu commun de dire qu'une scène de ménage apporte un peu de « piment » à la monotonie et pourtant, quel couple peut se targuer de n'avoir jamais vibré au moment de la réconciliation qui succède à ce tourment ? C'est à se demander si certains partenaires ne pratiquent pas l'art de la dispute pour le seul plaisir de vivre l'euphorie des retrouvailles : « J'ai eu si peur de te perdre ! » Nous forçons évidemment le trait, car si la dispute est pour le couple le seul moyen de tenir, le problème est alors ailleurs !

Quoi qu'il en soit, en choisissant de retracer la relation amoureuse houleuse de George Sand et Alfred de Musset, nous voulions justifier notre hypothèse selon laquelle la dispute peut constituer une impulsion pour un couple et, dans le cas présent, devenir un outil de travail pour l'élaboration d'une œuvre.

Si la dispute a indéniablement servi le couple Musset-Sand (en tout cas en ce qui concerne la pérennité de leurs œuvres respectives), on ne peut pas en dire autant de Zelda et Scott Fitzgerald.

Selon Nancy Huston, l'histoire de Zelda et Scott Fitzgerald illustre « l'interpénétration de la vie et de l'œuvre artistique, l'ahurissante capacité qu'a celle-ci de piller, voler, violer et, pour finir, triompher de celle-là[1] ». Plus précisément, on pourrait modifier cette citation en remplaçant « la vie » par « Zelda » et « l'œuvre artistique » par « Scott », tant il est vrai que ce dernier a honteusement utilisé le talent et les faiblesses de sa femme pour enrichir ses propres productions littéraires.

Nous aurions pu intituler ce passage « L'effort pour rendre l'autre fou ». En effet, Scott Fitzgerald a puisé le matériau de sa fiction dans le malheur de Zelda, malheur auquel il a très largement contribué, si ce n'est provoqué pour sa seule gloire en tant qu'écrivain.

Ce couple est fondé sur une inégalité, car Zelda ne peut prétendre à un quelconque épanouissement dans le champ de la littérature sans porter préjudice au succès de son mari. Elle ne sera donc personne, pour permettre à Scott de connaître les joies de la célébrité. Pire encore, Scott signera ce qu'elle écrira, quand il ne traduira pas littéralement dans ses romans les affres de la vie de Zelda.

S'il est entendu au départ que Zelda est la muse de Scott et qu'elle lui servira à se faire un nom, le couple mesure très rapidement les écueils d'un tel pacte. Tandis qu'il ne fait qu'écrire et amasser de l'argent, elle s'enlise dans sa douleur.

La confusion entre le réel et la fiction devient de plus en plus troublante, et Zelda souffre de ne pas posséder un domaine dans lequel elle puisse exceller, afin de réduire l'écart qui se creuse dans son couple (sachant qu'il lui est presque interdit de mettre à l'œuvre son talent initial d'écrivain). Elle choisit donc de s'adonner à la danse, passion que Scott a tôt fait de récuser, en humiliant sa femme qu'il

---

1. *Ibid.*

considère trop vieille pour une telle vocation. Elle maintient pourtant sa décision, et le couple part à Paris où la situation s'aggrave. Suite à *Gatsby le Magnifique*, l'inspiration de Scott se tarit et c'est Zelda, après un premier délire dans les rues parisiennes, qui va lui donner l'occasion de son prochain roman. *Tendre est la nuit* met en scène une héroïne gagnée par la folie, et Zelda cautionne cette véritable exploitation du pire en lui écrivant : «Tu peux utiliser cela dans ta nouvelle pour la rendre plus pathétique[1]. »

Schizophrénie, le diagnostic est posé par les psychiatres qui attribuent cette maladie à une réaction contre des sentiments d'infériorité vis-à-vis de Scott. Zelda tente de lutter en renouant avec la littérature, mais elle dévalorise ce qu'elle écrit.

Le 28 mai 1933, la sténo du psychiatre note une scène de ménage entre les deux époux. Scott refuse que Zelda empiète sur un champ qui est le sien : « C'est moi qui suis l'écrivain et je t'entretiens[2] », ce à quoi Zelda répond : « J'ai toujours senti la nécessité de nous mettre plus sur un pied d'égalité que nous ne le sommes actuellement, parce que je ne peux pas – il y a tout simplement une chose, et une seule, que je ne peux pas vivre dans un monde qui est complètement dépendant de Scott quand il ne se soucie pas de moi et me fait tout le temps des reproches [...]. Je voudrais être capable de dire, quand il dit une chose – je voudrais savoir faire une chose tellement bien que je pourrais lui dire : ça, c'est un foutu mensonge, et avoir quelque chose pour l'étayer, le droit de le dire. » Puis c'est l'inflation dont nous parlions précédemment. Quand Zelda expose le désir qu'elle a de faire les choses à sa façon, Scott ponctue l'entretien en faisant étalage de

---

1. *Ibid.*
2. *Ibid.*

son despotisme amoureux, comme si pour le bien-être d'un couple (son bien-être personnel, en l'occurrence), un seul des partenaires avait à céder : « Et moi, je veux avoir le droit de les faire à ma façon à moi. – Et tu ne peux pas l'avoir sans me briser, donc tu dois y renoncer… et ne plus écrire de romans[1]. »

Scott finira sa vie dans l'alcool, et son succès déclinera à la mesure de sa santé physique et mentale. Quant à Zelda, la folie la tiendra jusqu'à l'incendie qui aura raison d'elle.

*
* *

Ce thème nous a rendu bien prolixe… Un seul mot suffirait pourtant à circonscrire la dispute : *tragi-comique*. Nous avons tenté de dégager les aspects positifs de la scène de ménage, notamment à travers le couple Sand-Musset. S'il est indéniable que les séparations et les heurts à répétition ont alimenté et magnifié leurs œuvres respectives, nous ne saurions mesurer leurs conséquences sur un plan plus personnel.

Plus communément, est-il souhaitable, au nom du combat contre l'ennui, de passer par des voies aussi scabreuses ? Réponse : à consommer avec modération.

---

1. *Ibid.*

L'amour : liberté ou enfermement ?

Cécile Chavel

L'amour, c'est l'« expérience humaine » par excellence, qui implique la rencontre de deux inconscients au niveau le plus profond. Il nous instruit sur la nature d'une quête universelle, la quête du chemin qui nous mène directement au cœur de la vie.

En effet, tout se passe comme s'il existait en chaque être humain une sorte de poussée à aller vers ce point, qu'il cherche à l'extérieur et qui le mène à ce qu'il est vraiment.

La rencontre amoureuse est un moyen d'accès privilégié à ce voyage initiatique, puisque l'amour est la clef de voûte de tout le psychisme humain.

L'écoute psychanalytique de milliers de personnes depuis plus de cent ans a montré ce fait remarquable : psychiquement, l'origine de toutes les maladies est le manque d'amour ou sa mauvaise qualité. En disant cela, je ne mets pas en doute le fonctionnement biologique du cerveau, qui a comme tout organe des défaillances éventuelles. Non, je parle ici de ce qui fait la souffrance humaine. N'est-il pas incroyable de constater que toutes les formes de souffrance psychique reposent sur une défaillance d'amour ?

C'est fascinée par ce constat que j'ai décidé de devenir psychanalyste, afin d'essayer d'en savoir un peu plus. Je vous propose ici de me suivre pendant quelques lignes pour vous faire partager ce que j'ai pu découvrir en me posant cette question majeure : l'amour est-il liberté ou enfermement ?

Cela revient à se demander si, lorsque nous aimons, nous ressentons une dépendance, une sensation d'emprisonnement et de limitation de nous-mêmes et de nos capacités d'action, ou au contraire une ouverture, une absence d'entrave, un déploiement intérieur ?

Par ailleurs, quelle « qualité » d'amour apporte le bonheur, cet état de bien-être et de joie intérieure profonde ? En effet, toutes les formes d'amour ne mènent pas forcément au déploiement joyeux de ce que nous sommes, à cette façon d'embrasser la vie avec fougue et confiance, envers et contre tout.

Je suis partie de l'hypothèse que lorsque cela se produit, c'est que l'amour reçu et donné correspond parfaitement aux besoins de la structure psychique et qu'il la « nourrit » de façon appropriée. Dans ce cas de figure, les partenaires sont amenés à déployer ce qu'ils sont, à se sentir exister sans entraves – ce qui pour moi est le but de toute psychanalyse ou de toute démarche de « développement personnel ». Cette forme d'amour est donc le terreau de la poussée qui existe en chacun de nous à devenir ce que nous sommes – c'est-à-dire des êtres toujours en mouvement, en perpétuelle évolution –, qui nous mène simultanément vers notre spécificité et vers ce que nous avons de plus universel.

Je vous propose d'approfondir trois questions :

▶ L'amour peut-il nous donner la liberté, étant donné que la constitution même de notre identité se fonde sur le pouvoir d'êtres qui ont autorité sur nous, et dont nous sommes dépendants ?

▶ Quelles sont les diverses causes d'enfermement ? Le désir est-il le manque, et donc la souffrance du « pas assez » ?

▶ De quoi serait fait exactement un amour sans enfermement ? Quel est son secret, quels effets, quel type de jouissance procurerait-il ?

La structuration de tout individu : l'histoire d'une dépendance

Pour amener quelques éléments de réponse à ces questions, il est indispensable de revenir d'abord à la façon dont une personne se structure psychiquement depuis sa naissance. On constate alors à quel point l'idée même de structure implique la notion de dépendance : il est impossible de se construire sans contraintes.

Nous répertorions ici au moins cinq formes et occasions de dépendance à l'œuvre durant le processus de formation de tout individu, tout au long de son enfance.

La dépendance à un autre tout-puissant qui détermine notre survie

Si la mère ne donne pas de lait à son nourrisson, il meurt. C'est aussi simple que cela, on ne peut guère imaginer plus radicale aliénation, pourtant indispensable. Mélanie Klein a particulièrement bien étudié les vécus agressifs-dépressifs du nourrisson liés aux frustrations inévitables de cette période.

Le fait de se structurer initialement sur le pouvoir d'un autre a deux conséquences :

◗ nous aurons tendance à placer au-dessus de nous ceux que nous aimons, à les idéaliser et à les considérer comme tout-puissants et parfaits. Cette tendance restera à la base du sentiment amoureux ;

◗ de cette dépendance initiale, nous recevons en héritage la façon d'aimer de nos parents, elle-même liée à leurs héritages et à leurs souffrances personnelles. Nous nous inscrivons dans leur désir pour venir trop souvent combler leurs manques ou leurs attentes.

La dépendance au signifiant, à l'ordre du langage

C'est une dépendance fondatrice soulignée par Lacan. En effet, en tant que sujets parlants, nous sommes soumis à la façon même dont le langage se structure. Il n'y a pas d'adéquation parfaite entre le mot et la chose, mais un manque structurel, un mot renvoyant indéfiniment à un autre mot, sans jamais pouvoir saisir la chose même. Cela instaure ce que Lacan nomme une *division du sujet* dans l'ordre symbolique. Nous sommes aussi divisés entre conscient et inconscient, notre inconscient n'étant jamais saisissable. Nous avons donc une certaine dépendance à l'égard de nos pulsions.

L'aliénation spéculaire

Pour qu'une personne se constitue, elle doit être regardée et nommée en même temps par un autre, qui lui confirme ainsi son existence en tant qu'être séparé : c'est ce que Lacan a appelé le *stade du miroir*.

Si l'autre ne la voit pas, une faille se crée dans le narcissisme et va générer des dépendances. En effet, il est indispensable de s'identifier à l'autre, que l'on voit comme un « grand autre », pour se construire et se constituer une identité. Nous plaçons l'autre en position d'idéal du moi, que nous essayons d'atteindre ou de satisfaire. Or si, à ce stade de notre développement, cet autre ne nous regarde pas, ou mal, si nous n'avons pas le retour indispensable de la reconnaissance, nous aurons tendance à rester bloqués à ce stade, en idéalisant trop ceux que nous aimons et en les considérant comme impossibles à séduire, à atteindre.

La dépendance à la loi œdipienne

Cette dépendance structure notre désir en le limitant. En effet, nous devons limiter les formes d'expression de l'amour en ne nous autorisant pas l'accès sexuel à nos parents ou à nos frères et sœurs. Cet interdit structure notre être au monde. La moindre incertitude ou le moindre flou entraînera plus tard de graves aliénations par rapport à ceux que nous aimerons.

La dépendance aux contraintes sociales

Tout le processus humanisant lui-même, civilisant l'individu donc le structurant, est une suite d'interdits à intégrer qui garantissent la possibilité de vivre en société.

Freud a développé ce point dans ses ouvrages sur le fait social, notamment *Totem et tabou*[1] et *Malaise dans la culture*[2]. Dans ce dernier livre, il montre comment la société elle-même développe et structure notre surmoi (instance psychique de contrôle, de surveillance et d'organisation) qui va contrebalancer nos pulsions inconscientes (le ça), sous l'arbitrage du moi, et ce, en permanence. Le processus civilisateur est donc hautement contraignant, il crée notamment les « névroses » qui proviennent justement d'une trop grande sévérité du surmoi. L'amour et ses pulsions s'inscrivent dans ce processus.

---

1. FREUD S., *Totem et tabou*, Payot, 2005.
2. FREUD S., *Malaise dans la culture*, PUF, 2004.

Le sujet doit trouver équilibre et liberté à l'intérieur de ce système de contraintes ; tout est une question de dosage.

Toute contrainte est structurante, mais devient oppressive et destructrice quand elle est excessive. Inversement, toute liberté permet le déploiement du sujet, mais devient déstructurante quand elle est excessive, autant pour l'individu alors en quête de repères, que pour la société qui ne peut fonctionner sans un minimum d'ordre.

Les contraintes extérieures sont intériorisées par la personne qui les fait siennes. À partir de là, la contrainte aura une double origine : extérieure (liée à la réalité) ou intérieure (par l'action du surmoi).

Tout ceci agit puissamment sur nos relations amoureuses en général, et sur la façon dont nous percevons l'autre en particulier, car nous sommes toujours influencés par nos premières impressions concernant l'amour. Notre inconscient nous pousse sans cesse à réparer ou à récupérer ce qui n'a pas été obtenu dans l'enfance, dans un but de guérison et de construction intérieure. Pour l'inconscient, il n'est jamais trop tard pour bien faire, et nous reportons sur nos relations adultes les affres de nos insatisfactions d'enfant, dans le but de les dépasser. Malheureusement, seul un processus de conscientisation de ces anciens schémas peut en venir à bout, et la plupart du temps, les phénomènes de répétitions s'enclenchent, stériles et douloureux.

Les diverses causes d'enfermement

Aux différentes étapes du processus de structuration ont pu se développer diverses failles, créant de l'enfermement. Nous discernerons quatre causes majeures d'enfermement, liées à quatre tyrannies principales.

La tyrannie de l'indifférence

Si l'autre parental a été trop loin de nous, s'il ne nous a pas regardés, écoutés, donnés des émotions positives, notre image de nous-mêmes est vide (le stade du miroir a été manqué), ou dégradé (nous nous sentons « nuls »). Nous sommes alors persuadés de n'intéresser personne, de n'être pas « aimables ». Nous tenterons dans ce cas de « réparer » le processus, en choisissant d'aimer des personnes indifférentes ou peu sensibles à nous, pour essayer de les séduire et de leur prouver notre valeur. Souvent, bien sûr, ces personnes ne peuvent nous donner ce que nous attendons, et nous ne faisons que répéter un processus de souffrance.

Il s'avère d'ailleurs fréquemment que les parents ne se soient montrés indifférents qu'en apparence, car ils étaient en fait trop sensibles, blessés eux-mêmes et apeurés par leurs émotions. L'enfant, et donc l'adulte à venir, s'est alors senti enfermé dans le paradoxe « on m'aime / on ne m'aime pas » (cette personne a l'air indifférente, mais je sens qu'au fond elle m'aime).

L'amour peut dans ce cas être vécu comme la pire des prisons, car nous échouons dès le choix du partenaire en élisant une personne qui ne manifeste que peu d'intérêt à notre égard.

La tyrannie de la fusion

Si les parents ont été au contraire trop en fusion avec leur enfant, les dégâts seront les mêmes que précédemment. Cette constatation surprend souvent, en particulier ceux qui ont eu l'impression de beaucoup aimer leur enfant – ce qui a été le cas, mais à leur manière, désastreuse en réalité.

En effet, si celui que nous aimons veut fusionner avec nous, il se prend pour nous, et veut réparer avec nous son narcissisme blessé. En cherchant à vivre à travers nous, il piétine notre personnalité réelle et ne lui laisse que peu de chances de se développer ultérieurement.

Ainsi, il aura été incapable de nous regarder et de nous écouter (car trop proche), donc de nous rencontrer et de nous connaître véritablement (car il présume que nous pensons comme lui, que nous lui ressemblons). Nous développons alors une énorme capacité d'adaptation au désir d'autrui, puisqu'il projetait son moi et tous ses désirs sur nous.

Une telle projection fait peser d'énormes exigences sur l'enfant qui veut bien faire et prend comme loi exclusive le désir de l'autre. Il ressent alors un interdit majeur à être lui-même, ce qui serait pris comme une trahison (du moins c'est ce qu'il croit). Il aurait en effet le sentiment de laisser tomber celui qu'il aime et qui veut vivre en lui et pour lui : « Je me suis sacrifié pour toi, je t'ai tout donné. » Et c'est d'ailleurs vrai d'une certaine manière, l'autre se nie lui aussi en croyant qu'il est son enfant, paradoxalement. La fusion a brouillé les deux pistes. Le parent a voulu avoir deux vies, une nouvelle jeunesse, une nouvelle chance, au lieu de vivre sa propre chance d'être qui il est, avec ses années.

L'enfant devenu adulte va alors rechercher des partenaires avec lesquels il voudra fusionner. Il tombera dans le piège de la fusion qui fait s'oublier et disparaître dans l'autre à force de s'y adapter.

Se conformer trop au désir des autres crée une grave aliénation, avec l'impression de ne pas avoir de personnalité propre, et par conséquent de manquer radicalement de confiance en soi.

Dans ce cas, l'individu aura tendance à tomber amoureux de personnes plutôt narcissiques et exigeantes, auxquelles il tentera de s'adapter pour se faire aimer. C'est la figure d'enfermement de la « groupie du pianiste », avec le sentiment d'infériorité qui est son corollaire.

La tyrannie de l'idéal et du manque

Le fait de penser que l'être aimé est idéal et inaccessible – et doit le rester – est une autre cause d'enfermement. C'est un fait particulièrement occidental, que l'on retrouve dans la grande tradition de l'amour courtois du Moyen Âge : la dame est inaccessible, parfaite et terriblement exigeante. Ce sont toutes les légendes des grandes passions, avec leurs affres souvent mortelles : Roméo et Juliette, Tristan et Yseut, et leurs successeurs.

L'opinion selon laquelle « le désir, c'est le manque » est souvent mal comprise et prise au sens strict. Lacan disait que c'est le manque qui crée le mouvement possible du désir, car l'objet du désir (a)[1] échappe toujours, structurellement.

Croire que l'objet réel de l'amour doit correspondre strictement à l'objet imaginaire du désir crée toutes sortes de problèmes pratiques, comme ces grands mythes en témoignent. Cela engendre notamment une quasi-impossibilité de faire l'amour (la réalité détruirait l'idéal, croit-on), ce qui est pour le moins gênant dans une perspective d'amour terrestre. C'est ainsi que certains grands romantiques sont terriblement aliénés par la dictature de leur propre idéal.

---

1. L'*objet (a)* pour Lacan est l'objet cause du désir.

La tyrannie de l'hyperréalisme

C'est la tyrannie inverse, très néfaste également : l'être aimé doit rester un « petit autre », plein de défauts, pour que nous ne soyons pas écrasés. Ainsi, nous évitons de nous rapprocher trop du « grand autre » parental initial que nous avons mis à distance à grands frais, inconsciemment. Il en est ainsi de ces couples au sein duquel le mari critique sa femme pour ses trois kilos en trop ou son faible salaire. La femme trouvera ce mari idéal impossible à satisfaire et cultivera son complexe d'infériorité. Le jour où, par extraordinaire, elle se met à faire un régime et à gagner plus d'argent, le couple se brise, car il était fondé sur ce déséquilibre initial.

Que serait un amour sans enfermement ?

Après avoir étudié les multiples causes d'aliénation possible se répercutant dans les relations amoureuses, il paraît presque utopique de parler d'amour sans enfermement. Et pourtant, la véritable nature de l'amour est bel et bien d'apporter les nourritures essentielles à une véritable liberté, si trois conditions au moins sont réunies : la juste distance, le dialogue et le mouvement.

La juste distance

La juste distance entre fusion et éloignement implique le respect de l'autre, de sa différence, même si une identification partielle est nécessaire pour tout amour, car elle permet la compréhension, le partage de goûts et d'activités communes.

Elle est rendue possible par un dépassement des enfermements hérités de l'enfance et des mécanismes de répétition qui nous font inlassablement les remettre en scène. Seule une connaissance suffisante de ces mécanismes propres à chacun permet leur dépassement. Nous pouvons alors aimer sans crainte, sans « dévorer » l'autre ni être dévoré par lui, sans qu'il y ait d'empiétement de territoire. Ceci est rendu possible par le fait que chaque partenaire aura appris à connaître et à poser ses limites : ce qu'il accepte et ce qu'il n'accepte pas, ce qui lui fait plaisir et ce qui le blesse. Il aura appris à ne pas dire *oui* pour s'adapter à la demande de l'autre quand il veut dire *non*.

En nous nous adaptant trop à celui que nous aimons, nous nous nions nous-mêmes par manque de confiance en nous. Nous finissons par priver l'autre de la possibilité de nous aimer véritablement, pour qui nous sommes, et non pour une image faussée de nous-mêmes. Savoir dire *non* permet aussi de savoir vraiment dire *oui*.

Inversement, ne pas s'adapter du tout à l'être aimé revient à imposer un pacte de domination stipulant qu'il doit prouver son amour par toutes sortes de gages. Ce genre de rapport, « si tu m'aimes tu dois faire tout ce que je dis », ne peut permettre une véritable rencontre. Celui qui veut dominer à tout prix est en réalité dans une grande faiblesse, dans l'insécurité permanente, angoissé à l'idée que son conjoint peut, au fond, ne pas l'aimer. Quant à celui qui est opprimé de cette façon, il finira tôt ou tard par se révolter.

La juste distance doit être trouvée pour chaque couple, car elle est définie à chaque fois de façon unique. Cependant, elle n'est possible que si les partenaires se sont sortis des rapports de domination-soumission qui sont l'expression d'un mal-être profond.

Le dialogue

Dans un couple, le dialogue en profondeur sur les émotions ressenties permet aux partenaires de savoir où ils en sont, en se respectant et en respectant l'autre, dans une volonté jamais épuisée de découvrir l'être aimé (qu'ils croient à tort connaître, comme s'il était une chose). Le fait de pouvoir se parler véritablement construit une intimité qui peut assurer une profonde sensation de liberté.

Cette liberté naît en effet essentiellement lorsque nous nous sentons non seulement aimés pour ce que nous sommes (et pas seulement pour ce que nous faisons), mais aussi compris et soutenus. Nous ne percevons plus alors la liberté comme quelque chose que nous trouvons à l'extérieur du couple par opposition à lui, mais comme une sensation, en constante augmentation, de bien-être et de fluidité, sans limites. Cette sensation provient de l'écoute bienveillante et du respect que le conjoint offre par ce dialogue. Cela implique bien entendu que les partenaires se soient entendus sur le fait que ni l'un ni l'autre n'utilisera ce qui est dit comme une arme. Dans un véritable dialogue, l'égalité prévient cela : l'un ouvre sa sphère intime, mais l'autre conjoint aussi.

Pouvoir parler de nos peurs, permettre à l'autre d'avoir une vue sur ces parties sombres de nous-mêmes peut paraître très difficile, mais lorsque nous y parvenons, l'intimité et la confiance en sortent grandies. Nous avons souvent peur des émotions qui jaillissent si nous parlons « en profondeur ». Pourtant, en les laissant passer, en les partageant, quelque chose de sacré et d'unique se crée dans le couple, aidant chacun à devenir ce qu'il est.

Le mouvement

Enfin, la liberté est rendue possible par l'aspect dynamique de la relation amoureuse, par la mise en mouvement qui est la possibilité laissée à chacun de changer, d'évoluer, de se construire au sein de la relation. Cette dernière devient alors une création de chaque jour.

L'enfermement, c'est toujours la fixité, le blocage, l'attente, la passivité, c'est-à-dire la perte de la capacité d'être et d'agir comme individu. Les choses ne sont jamais dites une fois pour toutes, tout est toujours en évolution, en nous et en dehors de nous. Croire que tout est définitivement acquis est toujours un leurre, une illusion : il est dangereux de se laisser prendre même au plus fort amour, car on s'endort en adhérant à de telles croyances. L'endormissement est un danger majeur pour le couple : il empêche de voir l'être aimé avec un regard neuf chaque jour, avec curiosité. Il empêche aussi de percevoir les changements, les attentes ou les frustrations, à la fois chez l'autre et en soi. En conséquence, le fait de s'endormir sur ses lauriers diminue également le ressenti des joies et pose un voile sur la réalité qui ôte la possibilité d'un imprévu, d'une surprise. Laisser passer le mouvement émotionnel est au contraire ce qui prévient l'aspect figeant des habitudes.

*

* *

L'amour qui rend libre, l'amour qui offre la liberté est celui qui apporte la chaleur, la douceur et l'intensité, dans le don d'un droit à exister.

Un amour sans enfermement permet sans cesse l'ouverture du possible. Il conduit à être, à évoluer vers l'au-delà de soi, tout en consolidant ses racines.

L'amour est cela en son essence, mais il se voit trop souvent perverti par les blessures, les souffrances que nous n'avons pas su surmonter ou affronter. En cherchant à nous protéger ou à éviter de souffrir davantage, nous ajoutons souvent des poids au fardeau que nous voulions poser à terre. L'ennemi, c'est la peur : la peur d'être rejeté, la peur d'être étouffé. Seule la confiance, en l'autre et en son mystère, mais aussi en nous et en nos étrangetés, permet de créer ou de préserver la liberté d'être. Cette confiance, c'est le pari, le pari de l'amour comme liberté.

CHAPITRE 3

1+1 = 3

Désir d'enfant

Thierry Bisson

Dans le domaine de l'infertilité, nombreuses sont les anecdotes qui évoquent les aspects psychologiques de la difficulté de procréer. Chacun connaît autour de lui l'histoire d'un couple qui, après un diagnostic de stérilité, s'avère tout de même capable de procréer naturellement, souvent d'ailleurs une fois que les nombreuses tentatives de procréation médicalement assistée (PMA) ont été abandonnées.

Stérile ? Oui, mais…

Depuis deux ans, je travaille en collaboration avec le docteur Barbeault, spécialiste de la fécondation *in vitro*. À ma demande, il a inséré, dans le dossier que doivent signer ses patients avant le début du protocole médical, une proposition de soutien psychologique qui s'étend sur la durée du traitement. Je reçois donc ces personnes durant dix séances d'une demi-heure environ. Les observations qui suivent proviennent de ces rencontres, mais aussi de ma pratique de psychanalyste, de connaissances personnelles ainsi que de cas qui m'ont été rapportés.

L'infertilité aime à se laisser penser comme un symptôme qui s'inscrit dans le corps et entretiendrait un rapport avec la sexualité.

Après un an et demi d'essais infructueux, Mme W... consulte un spécialiste qui lui annonce sa stérilité en raison d'une trompe bouchée et de l'autre endommagée. Une relation amicale oriente le couple vers un gynécologue toulousain à la retraite qui, après auscultation, dira : « Effectivement, c'est bouché, mais on ne sait jamais, cela pourrait quand même arriver. » Un mois plus tard, le jour même du premier rendez-vous pour la fécondation *in vitro*, une grossesse est repérée. Un garçon naîtra ; il a aujourd'hui sept ans et a une petite sœur de cinq ans.

Le discours médical affirme qu'il n'y a que le corps ; le discours médical suture. L'interprétation vient articuler cette réalité physique à la dimension du langage. Elle rouvre la suture et permet d'instaurer un autre type de rapport au réel. La parole du vieux médecin : « On ne sait jamais, cela pourrait marcher » a sans doute « fait interprétation » en trouant le discours médical.

Dès lors que l'on s'intéresse à ce problème d'infertilité dans ses rapports avec l'inconscient, on est frappé de constater l'abondance de situations dans lesquelles une infertilité « cède » à ce qui est repéré après-coup comme une interprétation. Dans ces cas, il semble bien que l'infertilité ait fonction de symptôme.

L'enfant inconcevable, la « mère courage » et le père disparu

Une des premières femmes que je reçus fut Danielle.

Curieusement depuis deux ans et demi, alors qu'un entretien psychologique est proposé aux deux membres du couple, seules les femmes l'acceptent. J'ai reçu dernièrement une jeune femme qui en était à sa deuxième tentative de fécondation *in vitro*, la première ayant abouti à une grossesse gémellaire interrompue par un accouchement prématuré à six mois. Les deux enfants, deux garçons, moururent. Au cours du premier entretien, cette personne me demanda si son ami pouvait l'accompagner, car elle pensait qu'il souffrait davantage de la situation. Je lui proposais bien sûr de le recevoir. Je ne l'ai jamais vu...

Revenons à Danielle. À trente-cinq ans, elle avait l'air plus jeune. Peu fardée, dans des vêtements classiques, Danielle était visiblement une jeune femme sportive faisant attention à son alimentation. C'est sans doute ce qui me la fit paraître plus jeune. Son attitude confortait ce sentiment, car au fil des séances, elle confirma une volonté de faire « tout comme il faut », qui la plaçait évidemment dans une position légèrement infantile. J'avais l'impression qu'elle savait ce que l'on doit faire chez un psy : parler de son entourage, de ses parents, etc., elle semblait en quelque sorte réciter sa leçon. Danielle en était à la troisième tentative de fécondation *in vitro*. Les deux implantations précédentes s'étaient en effet soldées par des fausses couches.

Comme la plupart des femmes que j'ai pu rencontrer dans ce cadre, Danielle était au terme d'un parcours long et difficile. Je ressentis tout de suite l'envie de l'aider, de la protéger, peut-être même de la materner. Cette envie de ma part répondait bien à l'attitude infantile légèrement soumise qui émanait du personnage et qui contrastait bizarrement avec son travail, un poste nécessitant des compétences techniques élevées ainsi que des prises de responsabilité, tant vis-à-vis de ses clients que des personnes qu'elle avait sous ses ordres.

Danielle a deux frères, elle est la deuxième de la fratrie. Ces frères et sa mère vivent séparément dans la même petite ville, près d'une grande agglomération. Le père de Danielle est mort accidentellement d'une chute alors que sa fille et lui s'étaient éloignés lors d'une fête de famille à la campagne. Sa mère a donc élevé seule ses trois enfants, en poursuivant elle-même le travail d'employé de ferme du père, jusqu'à la cessation d'activité de ses employeurs. Danielle garde de sa mère, aujourd'hui pensionnaire d'une maison de retraite, l'image d'une « mère courage ». L'un de ses frères est boulanger, et l'autre a fait plusieurs séjours dans des services de psychiatrie. Il aide de temps en temps son frère à la boulangerie.

J'ai vu Danielle une douzaine de fois. Pendant tous nos entretiens, et malgré mes encouragements, il lui a été très difficile d'évoquer l'enfant qu'elle était sur le point de concevoir. Chaque fois que j'essayais de l'inciter à imaginer cet enfant, à s'imaginer elle et son mari avec lui, c'était le blanc, le silence, vite rompu par un retour bien rassurant – me semblait-il – aux réalités du protocole médical : « Alors là, nous allons bientôt commencer des piqûres, et dans quinze jours il y aura une échographie, etc. »

Au fur et à mesure qu'avançaient mes investigations, je fus très étonné de retrouver de nombreuses femmes (environ 80 %) dans une situation assez semblable à celle de Danielle, avec notamment la présence de plusieurs traits communs :

▶ Tout d'abord, et c'est sans doute ce qui m'a le plus frappé, c'est la disparition réelle du père, non remplacé auprès de la mère qui élève alors toute seule ses enfants. C'est un point, à mon grand étonnement, que j'ai retrouvé dans une large proportion de situations, y compris dans la littérature, bien que l'accent ne soit pas mis sur cette disparition.

▶ Ensuite, il y a cette difficulté, voire cette impossibilité, d'imaginer l'enfant « désiré ». Ici, je place « désiré » entre guillemets, car si une demande est exprimée, quant au désir, rien n'est moins sûr. Un ami qui travaille comme psychologue à la Ddass dit avoir été lui-même frappé par ce point dans de nombreuses situations. Il me raconta l'histoire d'un couple qui avait fait le parcours de l'infertilité en passant par les tentatives de fécondations *in vitro* et qui était en demande d'agrément en vue d'adoption. Parlant des tentatives de fécondation et de l'enfant qui aurait pu naître, le couple (je ne sais pas s'il s'agissait de l'homme ou la femme) avait dit à notre collègue : « Nous, tout ce qu'on demandait à la médecine, c'est qu'il ait deux bras et deux jambes. ».

La figure maternelle des femmes que j'ai reçues est souvent, nous l'avons vu, celle d'une « mère courage » capable d'assumer seule après la disparition du père l'éducation de ses enfants. L'identification à cette figure serait-elle un des freins à la fertilité ? C'est en tout cas ce que soutient Monique Bydlowski[1], pour qui il est nécessaire que la femme puisse se représenter « une mère suffisamment faible ».

Avant d'aller plus loin, je voudrais revenir sur l'observation de la disparition réelle du père. Il est frappant de constater que cette disparition est véritablement passée sous silence par les auteurs qui s'intéressent au problème de l'infertilité. Même lorsque ces auteurs utilisent des références littéraires pour illustrer leurs propos, la question de l'absence réelle du père semble évacuée.

Dans un récent ouvrage consacré à l'infertilité[2], Élisabeth Jeronymidès évoque *La femme sans ombre*, un opéra de Richard Strauss dont le livret fut écrit par Hugo Von Hofmannsthal. Dans un pays imaginaire,

---

1. BYDLOWSKI M., *La dette de vie*, PUF, 2005.
2. JERONYMIDÈS E., *Elles aussi deviendront mères*, Payot, 2004.

l'empereur des îles du Sud-Est a épousé une fée qu'il a séduite au cours d'une chasse. Depuis les noces, depuis qu'elle est devenue impératrice, elle a perdu ses pouvoirs magiques, elle n'est plus fée… Bien que chaque nuit, son mari « la comble » comme le dit le livret, elle ne peut enfanter. Ce qui est remarquable, c'est que cette impératrice stérile est la fille d'une mortelle et de Keikobad, l'invisible roi des esprits.

Un moindre mal

Aujourd'hui, je pense qu'il existe au moins deux formes cliniques distinctes d'infertilité.

La première pourrait être appelée *névrotique*, et en tant que telle, elle pourrait « céder » à l'interprétation. La particularité du désir d'enfant est de se structurer autour d'un objet destiné à être perdu, à être lâché, et j'ai l'impression que l'angoisse mise en œuvre à travers le symptôme de l'infertilité pourrait bien être de cet ordre-là. Il me semble que l'interprétation dont je parlais tout à l'heure se situe elle aussi dans ce registre : dans le « cela pourrait marcher », on peut entendre « cela pourrait *lâcher* ».

Si ça ne « lâche » pas avec l'interprétation, cela peut d'ailleurs « lâcher » avec la FIV, car dans le protocole de fécondation *in vitro*, la prise en charge médicale est tellement prégnante que la femme est forcée de disparaître derrière la machinerie. Il faut bien qu'elle lâche prise, malgré ses récriminations d'ailleurs. Une fois le processus enclenché et si l'embryon tient, le temps de la grossesse, cette confrontation au réel de la gestation, permettra sans doute – du moins il faut l'espérer – de faire exister l'enfant.

De l'autre côté, et là je pense aux femmes dont Danielle est le paradigme, nous nous trouvons en face d'une forme de stérilité pour laquelle les échecs médicaux seraient les plus importants. L'hypothèse que je vous propose est que la venue d'un enfant viendrait menacer la construction de la femme, une construction qui la protège d'un effondrement sans doute de type *mélancolique*. Monique Bydlowski[1] évoque des « irréductibles » de la fécondation *in vitro*, qui font un grand nombre de tentatives sans succès. Il s'agit en fait de femmes pour lesquelles une grossesse serait une catastrophe. Leur stérilité est un moindre mal, un pis-aller, pour ne pas dire une sauvegarde. Cette crainte d'un effondrement psychologique total, Monique Bydlowski la relie à des catastrophes survenues dans la vie des mères de ces femmes : psychose puerpérale, mort de la mère en couches, etc.

Je n'ai personnellement pas rencontré de telles catastrophes du côté de la mère. En revanche, j'ai souvent rencontré la disparition réelle du père, disparition qui s'accompagne d'une impossibilité d'imaginer ce père, même lorsque cette disparition a lieu – et c'est le cas le plus fréquent – après l'œdipe, pendant la phase de latence ou pendant l'adolescence. « Mon père est mort quand j'étais petite. » Point. Cela s'arrête là.

Faut-il relier – et comment ? – cette difficulté d'imaginer le père à celle d'imaginer l'enfant dont j'ai parlé précédemment ? Ou pour dire les choses autrement, peut-on relier l'impossibilité d'imaginer le père autrement que comme une absence réelle à l'impossibilité de faire exister l'enfant ?

---

1. BYDLOWSKI M., *La dette de vie (op. cit.)*.

Si l'essence de la féminité consiste, comme le soutient Anne Juranville[1], à se construire autour d'un creux, dans le rapport imaginaire à l'autre maternel, qu'en est-il des cas qui nous préoccupent, dans lesquels la mère a pris la place du père disparu ? Autour de quel vide, sinon celui du réel de son corps magnifié par l'infertilité (le vide), peut se construire la féminité ? La mère est en effet le père chez ces patientes : ce qu'elles ont véritablement perdu, c'est leur mère.

Si, comme le soutient Patrick Gyomard dans *La jouissance du tragique*[2], contrairement à ce qui est dit généralement, la petite fille veut dans un premier temps donner un enfant à sa mère, ce n'est que dans un second temps que l'introduction œdipienne du père vient pacifier cette dimension incestueuse massive et destructrice de la fille vers sa mère. Si le père n'est plus là ou si la mère « est » le père, on se retrouve dans une dimension tragique. Peut-être l'infertilité est-elle alors une façon de se défendre…

---

1. JURANVILLE A., *La femme et la mélancolie*, Paris PUF, 1993.
2. GYOMARD P., *La jouissance du tragique*, Aubier, 1992.

L'enfant adopté :
entre mère infertile et mère utérine

Claire Squires

L'infertilité inexpliquée trouve-t-elle une issue favorable dans l'adoption d'un enfant ?

Lorsque deux personnes se trouvent en difficulté pour mettre au monde un enfant naturellement et qu'elles recourent à l'adoption, elles ont tendance à s'investir en vue d'accueillir cet enfant. En permettant à des couples inféconds de devenir parents par l'adoption, l'infertilité passe à l'arrière-plan. L'incapacité à procréer naturellement est souvent oubliée, refoulée, tue. La filiation affective, sociale, semble prendre le pas sur la filiation biologique. En théorie, en principe…

En effet, il n'est pas rare qu'une naissance survienne ultérieurement par surprise, après l'adoption d'un enfant notamment, comme si un verrou s'était débloqué. Les mécanismes régulant l'ovulation, la spermatogenèse et la fécondation dépendent de facteurs neuro-hormonaux liés à l'état affectif du sujet.

Or, « évacuer » la question de la conception naturelle me semble avoir deux types de conséquences. Tout d'abord, l'idée de la stérilité poursuit son chemin, l'homme et la femme ayant toujours le sentiment persistant d'être stériles. Le symptôme *stérilité* recouvre des significations inconscientes variées : corps abîmé, impuissance, puissance sexuelle diminuée, dépression, sentiment d'inutilité, corps non érogène... Les représentations mentales qui accompagnent la stérilité mériteraient un travail d'exploration précis, car elles touchent des registres divers comme la sexualité, l'identité, le destin, la maladie, la mort...

La deuxième conséquence de cette stérilité méconnue est qu'une fois l'enfant arrivé dans sa famille adoptive, il est rare que l'on évoque la stérilité avec les parents. De même, il est difficile d'aborder les conséquences de cette impossibilité à procréer, à la fois dans le couple et pour chacun des parents. Or pour la femme comme pour l'homme, l'incapacité à concevoir suscite une souffrance, une blessure, la crainte de rester l'enfant de ses propres parents, de bloquer la chaîne des générations. L'enfant adopté, par sa présence même, masquerait cette problématique, la reléguerait au second plan. Or cette question restée dans l'ombre poursuit parfois son propre cheminement. Elle semble représenter un paysage de fond à explorer si certains symptômes sont présents : l'immaturité chez l'enfant adopté, ou la dépression, les défaillances d'autorité ou la surprotection chez les parents.

Ainsi la stérilité inexpliquée est-elle la conséquence d'un trouble psychosomatique, d'une difficulté à devenir parent, d'une impossibilité à s'inscrire dans la chaîne des générations ; un signe physiologique qui trouvera une explication plus tard, un symptôme par procuration chez l'enfant.

Voici deux exemples de parentés singulières : l'un concerne un enfant adopté par un couple infécond, l'autre un enfant adopté tardivement par une mère célibataire. Dans le premier cas, nous allons considérer les conséquences de la stérilité du couple sur leur relation affective avec l'enfant. Dans le second cas, nous nous demanderons comment l'enfant adopté s'interroge, à travers le conflit œdipien, sur ses origines, sa filiation biologique, sa relation affective avec sa mère adoptive.

La question de la stérilité paraît centrale, non seulement dans les situations d'adoption, mais également lors des consultations pour des dons de gamètes ou d'embryons. Le parcours de la stérilité et la blessure qu'elle suscite occupent une place importante dans les démarches de couples souhaitant attribuer leurs embryons à d'autres couples.

Les stérilités inexplicables physiologiquement étaient qualifiées de *psychogènes*. Pour Sylvie Faure-Pragier, cette dénomination est inadaptée, car la stérilité psychogène serait un concept relevant plus d'une explication multifactorielle que d'une cause médicale unique. Tout d'abord, une cause organique doit être éliminée, ainsi qu'une cause liée aux circonstances, par exemple un traumatisme violent comme un deuil, un enfant mort ou anormal, un avortement... Dans *Les bébés de l'inconscient*[1], Sylvie Faure-Pragier écrit que les patientes infécondes semblent se défendre contre une dépression solidement ancrée. La souffrance narcissique n'est pas ressenti consciemment, mais elle fait l'objet d'un déni du fonctionnement psychique dans son ensemble. Un autre auteur, Monique Bydlowski, propose dans un article paru en 2003, « Facteurs psychologiques dans l'infertilité féminine »[2], une hypothèse convergeant avec la précédente : l'infertilité serait un sys-

---

1. FAURE-PRAGIER S., *Les bébés de l'inconscient*, PUF, 2004.
2. BYDLOWSKI M., « Facteurs psychologiques dans l'infertilité féminine », *Gynécologie obstétrique et fertilité*, mars 2003.

tème défensif érigé face à la représentation menaçante de la grossesse ou de la maternité, inconsciemment vécues comme une catastrophe éventuelle.

Les dangers d'une adoption non préparée

Face à ce désir affirmé de concevoir un enfant contrecarré par des forces inconscientes, la procréation médicalement assistée contourne l'obstacle plutôt que de lever les nœuds du conflit psychique. De la même façon, l'adoption d'un enfant auprès d'organismes sociaux ne permet pas de prendre en considération la dimension psychique de l'infertilité.

Cependant, la conflictualité psychique sous-jacente à la stérilité vient infiltrer la relation qu'une mère entretient avec l'enfant qu'elle adopte. D. Winnicott, dans *L'enfant et le monde extérieur*, souligne les dangers d'une adoption décidée à la légère, sans compréhension réelle des facteurs en jeu : « Surtout, il ne faut pas arranger des adoptions pour guérir une névrose adulte. »

Ayant traversé huit échecs de fécondation *in vitro*, réalisés à la suite d'une stérilité inexpliquée, les parents de Grégory l'ont adopté en Bulgarie à l'âge de neuf mois. Ils avaient obtenu leur agrément d'adoption au bout d'un an et contacté un organisme international par le biais de leurs relations sociales. Trois semaines plus tard, ils avaient reçu la photo du petit Grégory : « C'était le plus marrant des enfants de l'orphelinat. » Après des premiers moments difficiles, Grégory s'est assez bien adapté à sa nouvelle vie. Cependant, à quatre ans et demi, l'âge qu'il a lorsque je le reçois, il tape les autres enfants à l'école maternelle et leur crache dessus. Il a des mouvements de violence, dit : « Je vais prendre un fusil et les tuer », et s'intéresse aux bandes dessinées les plus violentes.

Ses parents adoptifs ne savent rien de son histoire passée. Ils ont également adopté une autre petite fille au même âge, sans liens de parenté avec Grégory. Actuellement âgée de deux ans, elle commence à être tout aussi agitée que son frère. Très tonique, Grégory ne se détend jamais. Son développement et son langage sont tout à fait satisfaisants. Grégory est stimulé à tout instant de son emploi du temps. À son âge, il a tout fait : du ski, du judo, du foot, de la natation, du théâtre, du piano, des arts plastiques…

Sur le plan affectif, Grégory ne se montre guère démonstratif avec sa mère. Il a l'air un peu poupin, il tête sa langue et a tendance à se lover contre son père. Sa mère, Mme D…, est peu chaleureuse et ne parvient pas à le cadrer : elle est débordée, impuissante. Tous les gestes de Grégory sont précipités, il tourne sur lui-même dans le bureau, mais se calme quand on le contient ou s'il se réfugie sous une table. Seul en consultation, Grégory tente de m'attacher avec du scotch ou bien de coller ce scotch sur les murs.

Il n'est pas agité lorsqu'il va avec son père à la pêche – il peut alors rester des heures à guetter un poisson – ou à la chasse, lorsqu'il piste un gibier. Il se sent bien aussi avec ses cousins, dans une vaste maison familiale : sa mère se sent là-bas un peu déchargée de ses difficultés.

Elle lui parle de ses parents en Bulgarie, qui l'aimaient et qui ont pensé qu'il serait mieux dans une autre famille. Ce à quoi le petit garçon répond : « Comment on fait les enfants ? Pourquoi j'ai un petit zizi ? », ce qui semble, compte tenu de son âge, une préoccupation fort œdipienne. La mère enchaîne alors sur les enfants hyperactifs ou surdoués, ce que son fils est peut-être. Grégory pique des colères de plus belle, jusqu'à se montrer encore plus provocateur : « Tu n'es pas ma mère », lui lance-t-il. Elle le rassure de son amour : même s'il lui dit des gros mots, elle l'aime quand même. « Ce n'est pas vrai ! » conteste-t-il.

Grégory projette son agressivité sur l'extérieur, et Mme D... se sent blessée par ces échanges trop brutaux. Elle est déçue d'avoir un enfant aussi turbulent, mais a du mal à investir son rôle de mère, à créer une intimité avec son fils. Elle se comporte comme une mère assez inauthentique. Tout est plaqué : elle veut les mêmes jouets que ceux du centre, elle évite les entretiens et n'accompagne pas son fils aux séances avec le psychomotricien ou la psycho-éducatrice, bien qu'elle ne travaille pas. Elle veut décider seule de toutes les modalités de traitement. Elle ne livre rien d'elle-même, notamment de sa propre mère, avec qui elle entretient des relations à distance, et vers qui elle ne peut se tourner.

« Grégory a subi un traumatisme dans le ventre de sa mère, ce qui explique sa fureur », pense-t-elle sans tenir compte de sa propre douleur, de l'impuissance à laquelle elle est confrontée, n'ayant pu faire naître un enfant utérin.

Lorsqu'on lui propose de réfléchir avec elle aux raisons qui lui font croire qu'elle ne peut imposer des limites à Grégory ou à son sentiment d'impuissante avec lui, elle revient la fois suivante avec l'idée d'une nouvelle thérapie en trois séances pour les enfants adoptés, alors qu'elle a déjà consulté trois pédopsychiatres. Ses absences répétées aux rendez-vous finiront par rompre les liens avec le dispensaire. Elle me dira, lors d'une rencontre au hasard dans la rue, que cela va beaucoup mieux avec Grégory depuis qu'elle n'a plus de « nounou »

(Mme D... ne travaille pas). Apparemment, l'enfant s'ennuie à l'école et va passer des tests pour sauter une classe.

Mme D... se représente fantasmatiquement la mère biologique comme une mère traumatisée, violentée physiquement ou bien psychiquement durant sa grossesse. Les répercussions de cette violence se feraient encore sentir chez l'enfant ; sa propre douleur est occultée, et la dépression liée à la stérilité est masquée. Il est aussi possible que Mme D... soit déprimée pour des raisons inconnues auxquelles il est difficile d'avoir accès. L'enfant semble rappeler cette souffrance et persécuter sa mère par son comportement dispersé. Sa projection d'une image négative sur l'enfant et sur l'inconnue qui lui a donné la vie suggère qu'elle ne peut accéder à sa propre représentation d'elle-même. Ne pouvant contenir les mouvements hostiles de son fils, Mme D... se défausse de son impuissance sur le thérapeute, sans tenter de chercher la cause de l'excitation de l'enfant.

Mme D... ne laisse personne organiser les entretiens, alors même que son fils demande explicitement à être cadré ; elle précipite le consultant et les autres soignants dans un sentiment d'impuissance, voire d'irritation. Pourtant, il serait sans doute intéressant d'approfondir le roman familial autour de l'adoption et de la thématique de la naissance.

Cette mère évoque dans son contact plusieurs femmes infertiles, avec une dépression essentielle témoignant d'une identité fragile, d'un moi immature, d'une image maternelle dévalorisée. Ces femmes, présentant une image du corps défaillante, éprouvées par des deuils, des maladies associées, sont détentrices d'une histoire familiale chaotique. Elles sont particulièrement difficiles à traiter en tant que patientes, car elles supportent mal de ne pas maîtriser le cadre des consultations.

L'adoption d'enfants par un parent isolé

En évoquant le cas d'une petite fille adoptée par une mère seule (mariée puis divorcée), nous aimerions réfléchir d'une autre façon aux conséquences possibles de la dissociation entre procréation et sexualité. Nous verrons aussi que la relation fantasmatique de l'enfant avec la mère les premiers temps est importante. À travers ces images mentales et la thérapie, l'enfant adopté s'interroge sur ses origines, son identité sexuelle, la relation mère-fille. Progressivement, les identifications féminines et maternelles sont facilitées.

Annabelle a été adoptée à l'âge de sept ans par une femme seule, célibataire. Celle-ci avait déjà adopté deux ans auparavant un garçon, Petra, du même âge qu'Annabelle. Celle-ci était dans un orphelinat russe dirigé par une certaine Mamabachi, aux méthodes parfois brutales non exemptes de coups. Elle avait demandé à être adoptée, ce qui est exceptionnel, et allait à l'école à l'extérieur de l'orphelinat. Sa meilleure amie a mal supporté son départ et a, elle aussi, demandé à être adoptée. Les deux fillettes se rencontrent régulièrement. Abandonnée à la naissance, Annabelle connaît le nom de sa mère biologique, mais pas celui de son père.

Le premier dessin d'Annabelle la représente avec une casquette et le ventre bien apparent, tandis que son frère porte les cheveux longs et a une coiffure sur la tête. L'identité sexuelle des deux enfants est peu distincte sur le dessin, à tel point que lorsque Annabelle dessine, je me demande qui est qui, et qu'à la fin de la première consultation, je lui dis au revoir en lui donnant le prénom de son frère (son prénom d'origine aux consonances féminines).

Annabelle est une belle petite fille à la peau mate, au visage très expressif. Elle porte de grosses lunettes, car elle a été opérée d'un strabisme. Pendant que sa mère parle, Annabelle dessine. Elle commente souvent les propos de sa mère d'une voix enfantine : « C'est vrai, tu aimes plus Petra que moi ! » La mère nie en riant, et la conversation se termine par « C'est vrai, maman, je t'aime. » Après un silence, Annabelle reprend : « Maman, pourquoi, je n'ai pas de papa ? »

Nous sommes d'emblée dans le vif de ses préoccupations, mais ce n'est que plus tard que la question pourra être reformulée avec moi. En effet, elle m'annonce triomphante qu'elle a mené une enquête auprès de sa grand-mère : sa maman était bien mariée, mais elle n'a pas eu d'enfant. Sa mère ne veut pas lui en parler. « Peut-être que cela lui ferait de la peine ? », dis-je. « Si je pouvais le rencontrer, j'aurais un vrai papa ! » me répond-elle. Je lui dis que ce ne serait pas le cas puisqu'ils se sont séparés avant qu'elle soit adoptée, et lui explique qu'il arrive qu'un homme et une femme se séparent et divorcent. Je reconnais que ce n'est pas facile pour elle de ne pas avoir de père et lui demande quel genre de papa elle aimerait avoir. Elle me répond : « J'en ai parlé à maman. Elle m'a dit, parce que je lui ai demandé, qu'elle pourrait un jour rencontrer quelqu'un, et qu'alors j'aurais un vrai papa ! Et elle m'a dit aussi que de venir ici, même sans papa, c'était mieux que de rester à l'orphelinat. »

Annabelle est très avide de contacts, elle demande sans cesse à être rassurée. En classe, elle ne travaille que si elle peut établir une relation privilégiée avec la maîtresse, et celle-ci doit rester tout près d'elle. La mère, elle, ne déborde pas de manifestations affectives, et Annabelle insiste régulièrement pour qu'on la tranquillise sur l'amour qu'on lui porte. Ses relations avec ses camarades de classe sont, d'après sa maîtresse, assez superficielles : elle papillonne, organise souvent des conflits inexplicables pour les autres, à partir de futilités. En séance, elle évoque de manière répétée ses disputes d'une grande violence avec ses amies.

Annabelle questionne sans fin sa mère sur son amour. Elle finira par me dire qu'elle aimerait bien connaître sa « vraie maman ». À cette période, sa rivalité avec les autres s'est accrue : avec son frère, avec ses copines de classes, avec son professeur d'anglais qui est un homme... Elle met en scène une dispute avec sa mère à chaque fois que celle-ci vient la chercher et a des demandes permanentes à son égard. Elle dessine ses moments d'angoisse, sa crainte d'être méchante parce qu'elle aimerait retourner en Russie. Elle retournera d'ailleurs voir la directrice de l'orphelinat.

Annabelle me pose sans se décourager des questions personnelles, que j'élude ou que je ramène à des propos d'ordre général. Elle me dessine avec une présence bien charnelle, des traits féminins très marqués. Elle me demande comment on a des enfants, et si moi, j'ai des enfants, des animaux, un mari. (« Oui, tu as un mari, parce que ça a l'air bien ta vie. ») Elle fait sans cesse le bébé, surtout quand sa mère vient la chercher. Puis elle se dessine dans le ventre de sa mère. Je lui dis, sans savoir de quelle mère il s'agit, qu'elle aurait bien voulu que sa maman la connaisse quand elle était toute petite. Elle dessine « sa maman enceinte », « comment sa mère attend un enfant » et se représente comme « un tout petit bébé, qui pleure mais qui est content d'être là, avec sa maman ». Lors d'une autre séance, elle dessine un cœur avec une flèche. Sa mère lui dit : « C'est un cœur qui meurt », et je suggère : « Peut-être ne meurt-t-il pas, peut-être est-ce un cœur brisé... »

Pour Mélanie Klein, le corps de la mère est le théâtre psychique dans lequel se projettent les fantasmes du jeune enfant : « Les fantasmes qui concernent l'intérieur du corps maternel constituent la relation première et fondamentale avec le monde extérieur et la réalité[1]. » Ainsi, l'enfant peut imaginer que le corps de sa mère contient des enfants qu'il voudrait voler, le pénis paternel qu'il souhaiterait s'approprier, ou ses propres excréments qu'il aimerait y expulser. À l'aide de ses fantasmes, le jeune enfant transforme ses angoisses de destruction, ses affects dépressifs qui le morcellent, et développe ainsi une personnalité plus solide. De sa capacité à supporter l'angoisse dépendent le développement de son moi et sa relation à la réalité. Une certaine quantité d'angoisse est toutefois nécessaire pour constituer des symboles et des fantasmes.

Ainsi, un enfant adopté peut connaître dans sa famille d'adoption une sorte de reprise du développement de sa personnalité et présenter des aspects de lui-même plus infantiles que son âge réel. Les parents adoptifs sont alors surpris par ces mouvements excités, exigeants, violents, intolérants, possessifs, décalés par rapport à l'âge de l'enfant.

Lors des thérapies entreprises avec ces enfants, les fantasmes violents, archaïques, régressifs, séducteurs de la petite enfance apparaissent souvent. L'enfant peut, au fil des séances, trouver un espace disponible pour vivre ces élans et les projeter sur le thérapeute.

Le corps est le lieu de projection préférentiel de ces angoisses, qui peuvent être travaillées dans les séances. Elles sont particulièrement intéressantes à repérer avec l'enfant dans les situations où l'image du

---

1. « 1928, Les stades du conflit œdipien », in KLEIN M., *Essais de psychanalyse*, Payot, 1989.

corps de ses parents a subi une blessure ou une défaillance de l'identité sexuée. Ces situations sont fréquentes en cas de stérilité, les identifications par rapport à l'un des parents étant gelées, figées ou défaillantes.

Annabelle dessine avec un grand plaisir ses émotions, sa sensorialité, l'image de la femme rêvée, fort déliée. Elle peut prendre avec le dessin une certaine distance par rapport à l'autre, tout en le représentant graphiquement, lui et les émotions qu'elle souhaite partager avec lui. C'est un peu comme si elle pouvait, à travers la représentation graphique, retrouver les sensations, les éléments sensoriels de l'interaction avec une personne privilégiée qui lui ont manqué dans sa petite enfance. Parfois, quand elle ne dessine pas, elle se met à toucher mes cheveux, mes mains ou à me voler des objets comme mon manteau, pour voir comment je vais réagir. L'enfant est particulièrement perméable, intéressé, curieux de l'analyste, de sa personne, du contact avec son corps.

*

* *

Dans les deux cas évoqués ici, tant celui d'Annabelle que celui de Grégory, la mère reste inaccessible dans ses identifications, son affectivité, sa sensualité et son histoire.

La stérilité inexpliquée ou la dissociation entre procréation et parentalité semblent donc évacuer le corps maternel. Dès lors, l'enfant a plus de difficultés à contenir ses angoisses et à se constituer des fantasmes et des symboles. Il plonge précocement dans une réalité trop peu hospitalière et s'en échappe avec l'hyperactivité, une attitude inauthentique, des conduites d'échec ou une révolte.

Les configurations familiales atypiques et leurs implications humaines

Karin Trystram et Saverio Tomasella

Besoin d'enfant et instinct de reproduction

Aujourd'hui, les méthodes contraceptives, l'avortement, la conception médicalement assistée, le recours à des mères porteuses ou à des pères donnant leur semence, donnent l'impression que la venue au monde d'un enfant est sous contrôle. Le temps de l'enfant « cadeau du ciel » ou de l'enfant « fardeau » semble révolu... mais cette croyance n'est-elle pas une illusion ?

Que se cache-t-il derrière ce *besoin* d'enfant ? Les femmes et les hommes en âge de procréer n'obéissent-ils qu'à un instinct leur intimant de garantir la survie de l'espèce humaine ?

Dans la décision « d'avoir un enfant » réside souvent le souhait de réparer ses blessures d'enfance, de combler un manque ou de se réaliser à travers un autre être. L'enfant peut alors se voir confier un rôle trop lourd pour lui dans la structure du couple : il devient le garant d'un équilibre ou d'une cohésion...

Les femmes pensent-elles que leur féminité ne s'exprime pleinement que dans la maternité ? Les hommes croient-ils que leur accomplissement passe forcément par la paternité ?

Le refus du *manque*, cette dimension propre à l'humain, est aujourd'hui omniprésent dans notre société. Combler tout vide par la consommation est devenu un devoir économique et social. Même la conception d'un enfant n'échappe pas à cette injonction.

Quel enfant naît donc du besoin ? Enfant poupée accessoire ou poupon manipulé, l'enfant pour soi élude l'autre et la question de l'altérité.

Pourquoi banaliser symbiose et fusion ? Le pseudo-adulte d'aujourd'hui ressemblerait à un bébé sous perfusion. Gavé, dépendant de son cordon ombilical, il ne peut être sevré et accéder ainsi à sa subjectivité !

Qu'est-ce que la famille, la parentalité, le couple ?

Autant de questions qu'une interrogation honnête sur la famille contemporaine ne peut éluder…

Tiers, triangulation et dimension symbolique : enfant, mère, père

C'est en s'interrogeant sur les raisons inconscientes qui sous-tendent leur demande d'enfant que des parents peuvent offrir à leur progéniture les meilleures conditions d'accueil. L'environnement parental peut alors favoriser l'accès à l'autonomie personnelle de l'enfant.

Les configurations familiales ont beaucoup évolué. Les enfants grandissent dans des familles recomposées, monoparentales ou homoparentales. Quels repères donner aux enfants pour qu'ils se construisent dans leur identité d'humain ?

Le plus important est la parole vraie, car l'être humain est un être de langage. Baigné dans le langage dès son plus jeune âge, il a la capacité de sentir si les paroles qui lui sont adressées sont porteuses pour lui d'une promesse d'autonomie.

L'enfant a besoin d'être informé des conditions de sa conception. La vérité, qu'elle soit douloureuse ou agréable à entendre, lui permet d'intégrer ses racines. Elle sera pour lui la base sur laquelle il construira sa vie. Sans explication sur sa venue au monde, l'enfant grandira avec un sentiment d'irréalité, source d'angoisse et d'insécurité.

Ainsi, l'enfant inscrit en lui le nom de son père géniteur et de sa mère. Il peut s'intégrer dans une histoire, l'histoire de ces deux lignées. Dans les nouvelles familles, le père éducateur ne sera pas forcément incarné par le père géniteur. Dire à l'enfant d'où il vient évite de créer la confusion.

Le nourrisson, dans sa prématurité physique et psychique, est sous la tutelle d'un adulte pour subvenir à ses besoins. La mère lui accorde des soins attentifs et peut lui apprendre la tendresse. Quand ces soins sont accompagnés de parole, l'enfant associe l'apaisement des tensions liées à ses besoins à l'amour de sa mère, et il se sent sécurisé.

Le couple mère-enfant qu'ils forment pendant les premiers mois après la naissance est surtout orienté sur le bien-être de l'enfant. Un risque plane cependant, car si le père n'intervient pas en tant que représentant de la loi humanisante et sociabilisante, l'enfant restera fusionné dans un corps à corps avec sa mère. En revanche, considéré par son père comme un interlocuteur valable, l'enfant fait l'expérience de l'effet transformateur de la parole, qu'il choisira de privilégier, au lieu de se maintenir « collé » à sa mère. Le père occupe alors la place du *tiers* dans cette relation duelle. Un triangle familial se constitue, dans lequel chaque individu est reconnu comme une personne à part entière. L'enfant est ainsi valorisé et ses questionnements trouvent leur légitimité. La mère et le père, solidaires dans leur désir de soutenir la croissance de leur enfant et son intégration des lois civilisatrices, remplissent pleinement leur fonction. La mère lui permet de prendre contact avec sa sensibilité profonde, d'intégrer sa capacité à aimer et à vivre ses sentiments. Ce faisant, elle l'introduit à la dimension du *cœur*. Le père l'encourage à affirmer son désir d'évolution et d'ouverture à des relations fondées sur la reconnaissance de l'altérité.

Dans ces conditions, l'enfant aura accès à l'ordre symbolique, c'est-à-dire aux lois universelles (les interdits de l'inceste, du meurtre et du cannibalisme) qui constituent le cadre dans lequel tout individu peut incarner son humanité.

Quel tiers dans la famille monoparentale ?

Une femme veut un enfant. Seule. Elle cherche un géniteur, une « banque de sperme » anonyme, qui lui donnera aussi du plaisir au moment de l'insémination. Pas de formulaires administratifs à remplir, pas de question à se poser en conscience face à un autre : le futur père, un médecin, un fonctionnaire de l'administration sociale, etc. La femme est seule pour concevoir, porter, accoucher et élever son enfant : c'est un choix promu par les mouvements dits *féministes*. « L'enfant m'appartient, je le possède, j'y ai droit » serait la litanie des seins en demande d'allaitement[1]...

---

1. Si les hommes pouvaient également concevoir un enfant « seuls » et se passer d'une femme qui deviendrait mère à leurs côtés tandis qu'ils deviendraient père, ils seraient nombreux à faire sans ciller ce choix-là. N'oublions pas non plus les pères qui, dans leur couple et leur famille, nient la place de la mère...

Bien entendu, les autres configurations sont nombreuses. Tout aussi fréquentes, elles sont le plus souvent désespérées et douloureuses : une jeune mère perd son mari ; un homme abandonne femme et enfants ; une mère, qui craint la présence d'un père violent ou incestueux pour ses enfants, se sépare de son conjoint, etc.

Les raisons qui conduisent à la création d'une famille sans père, d'une famille monoparentale centrée sur la mère, sont multiples, tout autant que les réalités que recouvre cette dénomination.

Dans un tel contexte, comment l'enfant peut-il grandir, se construire, s'humaniser et intégrer les lois fondamentales − notamment l'interdit de l'inceste (d'abord avec sa mère) −, s'ouvrir à l'altérité, être lui-même ?

L'enfant « chose de l'autre », l'enfant « petit mari », l'enfant « doudou », l'enfant « exutoire », l'enfant « protégé de tout par sa maman », l'enfant « magnifique », etc. n'est pas encore une personne, ni pour lui, ni pour sa mère. Quelles prises de conscience et quelles révélations peuvent permettre à l'un et à l'autre d'émerger en tant que *sujets* ?

Qu'est-ce donc qu'un sujet ?

Le sujet est l'être de conscience et de connaissance qui se risque à dire « Je » et qui peut penser, parler, agir et vivre en son nom, en acceptant de répondre de ce qu'il est.

Pourquoi est-ce si important d'être sujet ?

Pour exister pleinement, si possible en bonne santé, il est nécessaire d'accéder à la liberté, et peu à peu, à une certaine vérité sur soi-même, sur ses intentions, ses motivations et ses aspirations.

Souhaitons-nous vivre aliénés à un autre, à une famille, à un clan, à une institution, à une idéologie ? Non, au fond d'elle-même, toute personne espère réaliser dans sa vie ce qu'elle est profondément. Tout malaise, tout malheur vient d'une démission face à soi-même et aux autres, qui se transforme en soumission, puis en victimisation, en dépression, en plainte… Il est vital que tout être humain puisse devenir sujet, sans exception !

Comment alors aider l'enfant à être sujet ?

Si la mère n'est pas dans cette dynamique de devenir elle-même un peu plus chaque jour et de vivre en son propre nom, pourra-t-elle donner à son enfant l'élan dont il a besoin pour se réaliser humainement ? Un tiers est nécessaire, quelle que soit l'affection plus ou moins sincère de la mère pour son enfant. Il s'agit d'une personne extérieure qui sort l'enfant de l'unique référence à son seul parent, le coupe de l'imaginaire que renforce toute relation en miroir et permet une vraie confrontation avec la réalité.

Quelle est l'importance du tiers ?

Le tiers représente pour l'enfant l'horizon d'une impossible fusion, d'une jouissance interdite, la limite grâce à laquelle il ne peut se confondre avec l'autre. L'enfant se trouve inscrit dans un mouvement d'humanisation, à travers sa croissance personnelle. S'il n'a pas tout, s'il n'est pas tout et que tout ne lui est pas permis, il peut exister : sentir, penser, parler, agir, s'engager, être responsable…

L'altérité est nécessaire à l'humanisation et à la santé : refuser l'autre, c'est choisir la folie ; nier l'autre, c'est choisir la perversion. Un parent aimant et respectueux souhaite-t-il que son enfant devienne fou ou pervers ? Non !

*Alors, qui peut remplir la fonction du tiers
lorsque la mère est seule ?*

Toute personne indépendante de la mère peut remplir cette fonction,
de préférence un homme – la réalité d'une différence indiscutable
entre les sexes favorise l'accès à toutes les différences et leur acceptation progressive. Pour autant, il est également nécessaire que cet
homme soit lui-même empreint de la limitation qui fonde l'humain. Il
doit ainsi :

- reconnaître son inévitable mortalité ;

- affirmer, autant que respecter, la prohibition de l'inceste et de la
  pédosexualité ;

- choisir la parole partagée pour communiquer.

Il s'agit de sortir des mirages du corps à corps, qui consistent à entre-
tenir chez l'enfant l'illusion qu'il ne fait qu'un avec l'autre, ce qui le
soustrait à sa responsabilité d'exister.

Le tiers ne peut être qu'un « père symbolique », c'est-à-dire une
figure paternelle qui ouvre à l'enfant l'espace du symbolique, donc de
l'*éthique*… et, au-delà, du désir, de l'amour. La mère libère une place
pour que les hommes rencontrés par l'enfant (les animateurs, les
enseignants, les oncles, les grands-pères, etc.) puissent incarner pour
lui cette fonction paternelle.

Quelle triangulation dans la famille homoparentale ?

Depuis quelques décennies, de nombreuses familles se décomposent,
puis parfois se « recomposent » selon la formule en usage, y compris
entre personnes de même sexe…

Accueillir les enfants d'un autre, même s'il s'agit de l'être aimé, n'est facile pour personne. Des moments d'abattement, de découragement, d'agacement, voire de rejet succèdent aux efforts bienveillants. L'ambivalence de ces sentiments tendres et hostiles est exacerbée chez le parent qui essaie d'adopter les enfants de son nouveau conjoint. Difficile à vivre, elle perturbe, déstabilise, déconcerte... Elle est pourtant le signe d'une confrontation à la réalité, autant que l'occasion de s'interroger pour évoluer dans sa relation avec l'autre parent, et avec chacun des enfants. Une nouvelle configuration se crée alors, qui donne naissance à un groupe familial spécifique, avec sa propre dynamique interne et ses interactions particulières.

Qu'en est-il plus précisément d'une « famille nouvelle » composée de deux femmes (deux mères) ou de deux hommes (deux pères) ?

Laissons de côté l'épineux sujet de la procréation artificielle dans un couple homosexuel, qui concerne autant les questions éthiques soulevées par la reproduction médicalisée, que celles de la nécessaire différence des sexes à l'origine de la fécondation biologique. Il dépasse la réflexion de ce bref article et exige autant de recul que de considération pour la demande des parents (même lorsqu'il est impossible de répondre à cette demande) et pour l'enfant à naître, en tant que personne humaine et sujet (et non en tant que bien à posséder ou objet de jouissance).

Comment deux mères peuvent-elles incarner auprès de leur enfant la fonction paternelle et apporter du « père symbolique » ? De même, comment deux pères peuvent-ils remplir la fonction maternelle et incarner la « mère symbolique » pour leur enfant ?

Sigmund Freud a posé la notion de *bisexualité psychique* comme pierre angulaire de la constitution humaine du sujet. Tout être humain est à la fois femme et homme, féminin et masculin. Il s'agit de réalités certes subtiles, mais concrètes et tangibles tout de même. Les *identifications* du petit garçon à sa mère, à ses grands-mères, à ses tantes, à ses sœurs, à ses nounous et à ses institutrices lui permettent de développer en lui le féminin, la féminité, donc aussi la fille et la femme qu'il est singulièrement, spécifiquement, subjectivement. Il en est de même pour la petite fille qui constitue du masculin, de la virilité, du garçon et de l'homme en elle, à partir de toutes les figures masculines de son entourage au cours de son histoire. Toutes ces identifications à l'autre sexe peuvent bien sûr entrer en jeu (je) dans la préférence pour une vie amoureuse (affective et sexuelle) avec une personne du même sexe que soi.

Au-delà de la richesse et de la complexité de l'identité, chaque femme et mère peut donc s'appuyer sur son être profond pour manifester de la paternité et ouvrir l'enfant à la dimension de l'*esprit* : en disant les lois civilisatrices qui humanisent, en permettant la séparation des corps pour favoriser l'émergence du sujet et en soutenant le développement de la conscience, donc d'une pensée singulière.

De la même façon, tout homme et père peut mettre en œuvre un véritable accueil de chacun de ses enfants « humainement » reconnus (« biologiques » et adoptés, ou seulement adoptés). Cet accueil du cœur profond est la manifestation bienveillante de la mère, la bénédiction de la « mère symbolique » qui dispense à chacun attention, présence, sollicitude et tendresse.

Bien entendu, le couple parental homosexuel sera particulièrement vigilant à respecter la parité entre les sexes au sein de la « fratrie », sans favoriser les garçons au détriment des filles, ou réciproquement. Une ouverture continue et respectueuse aux personnes de l'autre sexe que le sien est nécessaire en dehors du couple[1] : filles, femmes et mères pour le couple d'hommes ; garçons, hommes et pères, pour le couple de femmes. Le risque serait évidemment un repli frileux et une autosatisfaction se réduisant à une « existence entre soi », dans laquelle la personne à dénigrer, à mépriser, à rejeter ou, pire, « à abattre », serait celle de l'autre sexe. Elle représente alors la figure même de cette altérité radicale, si étrange, si étrangère, et bien souvent si difficile à accepter… Pourtant, il est indispensable pour grandir et se construire de se confronter à la réalité des différences qui constituent la vie entre humains.

*

* *

Au-delà de toutes les questions que pose la constitution d'une famille sur d'autres fondements que ceux hérités de la tradition romaine au sens large, quel est l'horizon de la continuation d'une lignée humaine à travers l'enfantement ?

Le seul horizon viable n'est pas celui des avancées de la technologie et de ce qu'elle semble permettre, plus qu'autoriser. Elle facilite l'obtention de ce que l'individu veut, sans égard assuré pour l'autre ou pour ce que la vie représente de précieux, indépendamment des nombreuses frustrations qui la jalonnent.

Devenir parent, désirer cette aventure unique, s'inscrire dans ce mouvement d'évolution, ne peut se réaliser qu'à travers un certain

---

1. Bien entendu, d'abord à l'autre parent d'origine, mère ou père des enfants…

nombre d'étapes de ce que l'on pourrait appeler le « développement durable » de l'enfant : la rencontre de l'altérité, la joie de la fécondité partagée (même symbolique), l'accueil de l'enfant, son adoubement en tant qu'humain, le soutien de sa croissance, la transmission de ce qui est essentiel à la vie et son envol vers son existence personnelle, singulière.

N'oublions pas que l'enfant ne peut vraiment grandir que si le parent s'efface peu à peu pour lui laisser champ libre…

DEUXIÈME PARTIE

L'éclairage des experts

La théorie ne prétend pas couvrir l'étendue de nos singularités. Elle constitue plutôt pour le praticien un outil référentiel qu'il faut constamment réinventer. En effet, chaque individu est unique, chaque histoire particulière. C'est pourquoi nous avons souhaité entendre vos questions, celles qui, coulées dans la lingotière de vos spécificités, sont suffisamment larges pour que d'autres puissent se sentir concernés. Trois experts « assermentés » au Café Psycho ont recueilli ces interrogations et vous répondent…

Tout feu, tout flamme

J'ai vécu une première histoire d'amour passionnelle qui m'a « démoli ». Aussi, je n'ose pas tomber amoureux à nouveau, car j'ai peur de répéter la même situation. La passion est-elle forcément destructrice ? Et si oui, peut-on y remédier ?

Manuel Galan : La passion est une force téméraire qui modifie la notion du temps et peut toujours être destructrice. C'est pourquoi elle nous pousse à transcender le passé, à dépasser le présent et à nous projeter dans le futur, au-delà de nos peurs. Cette force de dépassement de soi, de dépassement du réel contraignant, peut détruire les amants.

Une passion amoureuse peut être formidable et construire un bel avenir, mais il faut que la passion vive soit apprivoisée. C'est ce qu'on appelle l'amour ! La passion se situe du côté de la pulsion, or il faut que cette pulsion trouve un peu de quiétude, qu'elle permette de rencontrer l'autre dans toute sa globalité et de partager. La passion qui ne saurait pas devenir amour peut s'avérer dangereuse.

Dans quelques cas, on peut considérer la passion comme une maladie, un état confusionnel, une névrose. On peut alors essayer de soigner ou d'accompagner ce phénomène.

Au niveau de la psychologie profonde, la notion de temporalité pose souvent problème. Plus la passion est forte, plus l'histoire personnelle et les émotions surviennent avec leur cortège de souvenirs et de situations traumatiques. Par conséquent, il s'opère une inversion temporelle : le passé envahit le présent et semble conditionner le futur, car c'est bien la peur du passé qui nous pousse à la répétition de situations douloureuses. C'est pour cette raison qu'il est toujours sage de se faire aider pour bien comprendre son passé et mieux saisir son avenir. Les amoureux passionnels veulent tout connaître de l'autre : ses origines, son histoire familiale, son enfance, ses goûts, ses changements, ses accidents, ses désirs…

L'inversion temporelle provoque une réactualisation d'ancrages passionnels d'autrefois. Quand cette inversion est trop forte, elle se manifeste comme une névrose, c'est-à-dire quelque chose qui empêche de vivre le présent. Quand la personne a compris ça, elle peut se faire aider. Cependant, elle ne guérit jamais complètement de son passé, de ses souffrances, de ses révoltes… En revanche, elle peut les atténuer et les orienter vers une dynamique libératrice. Bien entendu, on peut dire d'une manière optimiste, que oui, il est possible de surmonter les peurs et les dangers de la passion !

Cette passion peut être névrotique, à cause des inversions temporelles, mais aussi des transmissions confuses. La psychologie transgénérationnelle nous permet de comprendre que nous pouvons vivre des émotions et des situations traumatiques qui ne nous appartiennent pas, mais qui nous sont transmises par nos ancêtres, notre groupe social, notre famille, etc. Tout à coup, un évènement survient et perturbe l'écoulement normal de la vie : nous souffrons, nous avons peur… Un monde étrange et inquiétant grouille derrière le masque de la passion. La connaissance de ces phénomènes et de leurs mécanismes est le divin remède à nos peurs et aux dangers multiples de la passion amoureuse.

Cécile Chavel : Toutes nos souffrances passées nous laissent un sentiment d'incompréhension et de frustration que nous n'acceptons pas. Ce sentiment nous pousse à poursuivre nos recherches, pour comprendre ce qui n'a pas fonctionné et pourquoi, et à réparer la frustration pour tenter de l'annuler. Le seul moyen que nous trouvons pour cela est de choisir comme partenaires des personnes qui auront des points communs avec ceux que nous avons aimés et qui nous ont blessés (notre père, notre mère, notre frère, notre sœur, etc.). Notre inconscient va nous pousser à reproduire avec ces personnes certaines réactions et certains scénarios, pour obtenir peu ou prou la même situation que par le passé, dans l'espoir de « refaire le film » en mieux et d'effacer la douleur. Le problème est qu'en général, cela ne se passe pas ainsi, et nous nous trouvons à revivre encore une fois la même souffrance, les mêmes causes produisant les mêmes effets.

Il arrive que des rencontres positives nous permettent de nous reconstruire et de nous libérer. Toutefois, le plus souvent, nous ne faisons pas ces rencontres au moment où nous en avons besoin. En effet, à cause de nos souffrances, notre inconscient reste comme fermé au « positif », car il est trop occupé à tenter de faire disparaître le « négatif » qui nous a blessés.

La seule solution reste alors la thérapie, qui nous met en contact et en dialogue avec notre inconscient, pour démêler ses nœuds et ses chaînes. Le thérapeute doit, à mon sens, fournir cette atmosphère d'amour bienveillant et non étouffant qui a pu manquer dans l'enfance, pour permettre une véritable rencontre avec soi. Dans cette ambiance de respect et de confiance, nous pouvons alors rejouer et déjouer les scénarios emprisonnants de notre enfance, découvrir sans nous effrayer des parties difficiles de nous-mêmes, les apprivoiser et les intégrer pour une vision de nous plus juste et souvent plus indulgente. Les enfermements cessent avec la levée des fausses interprétations (de nous-mêmes et des autres) que notre inconscient avait pu faire dans l'enfance, par manque d'informations et de perspectives.

Marthe Marandola et Geneviève Lefebvre Decaudin : Aussi bizarre que cela puisse paraître, il y a loin de l'amour à la passion. L'amour véritable exige la présence de deux êtres responsables d'eux-mêmes, dans toutes leurs dimensions humaines. Le mouvement de la passion est tout le contraire : il conduit à fusionner avec l'autre, à se perdre en lui, à ne former qu'un seul être, à s'anéantir dans une communion totale... à ne plus être vu et à ne plus voir.

Les réveils de l'amour-passion sont très douloureux, car de véritables deuils sont alors à accomplir : celui de l'impossible unité, celui de l'inatteignable amour idéal... Dans le processus de guérison, il convient de comprendre le mécanisme psychique qui nous a menés dans cette impasse : le manque d'estime de soi, la codépendance, les illusions, les croyances... En éclaircissant lucidement ces points, nous parvenons enfin à aimer, sans faire peser sur l'autre et sur nous-mêmes une attente exorbitante.

Je suis passionnée, j'adore me consumer dans les rencontres, mais je ne parviens pas à les inscrire dans la durée. Pourquoi est-ce que je n'arrive pas à construire une vraie relation ?

Manuel Galan : Dans un premier temps, la relation est du côté de l'instinct, du biologique. L'instinct devient une pulsion qui provoque la passion. Soudain, nous sommes dans un état d'ivresse tellement extraordinaire que nous ne savons plus qui est qui, ni qui nous sommes. Ainsi, le sujet perd sa cohérence et chacun devient pour l'autre un simple et merveilleux objet de désir et de jouissance.

Deux possibilités existent pour cet état de trouble :

◗ soit il cesse à cause de son insupportable intensité et la relation s'arrête,

◗ soit il ouvre la voie vers une autre dimension qui est celle de l'amour, dans laquelle, par un jeu d'intermittence de la flamme, les amants retrouvent un statut cohérent, le respect de l'autre et le sentiment de soi dans la durée. À partir de là, la relation peut s'inscrire dans la continuité.

La passion est une force aveugle qui remet tout en question. C'est pourquoi elle doit être éclairée et apaisée par l'intelligence, afin qu'elle puisse devenir le liant fondamental d'une relation vraie et durable. Autrement, elle serait destructrice. Brûler de passion, c'est formidable, mais pas trop longtemps ! Il faut que cet état soit dépassé, que ce soit une flamme de vie qui éveille les sens, qui fasse vibrer et revivre l'émerveillement de l'autre, de sa beauté, de son mystère. Ainsi, chaque instant devient une découverte.

Il n'est toutefois pas impossible que les plaisirs de la passion puissent nous rendre dépendants et nous empêcher d'évoluer vers l'intelligence de l'amour.

Marthe Marandola et Geneviève Lefebvre Decaudin : Se consumer dans des feux brûlants et éphémères est un choix tout aussi respectable que n'importe quel autre. Certaines personnes estiment que la vie n'est intéressante que dans ses extrêmes : passions, coups de foudre, crises et conflits. Elles ont parfois le sentiment que le bonheur tranquille est ennuyeux et préfèrent vivre dans un torrent émotionnel. Construire une relation demande du temps, de la patience et un certain calme intérieur. Peut-être aussi faut-il y être vraiment décidé…

Cécile Chavel : Certaines femmes collectionnent les relations brèves parce qu'elles se font systématiquement abandonner par des partenaires qu'elles ne parviennent pas à retenir. Il s'agit un peu du problème de Don Juan à l'envers, c'est-à-dire d'une incapacité à s'investir totalement dans une relation que l'autre ressent comme un obstacle. Les raisons de cette incapacité amènent ici une position dépressive de victime, elles peuvent être diverses :

▶ Ces femmes peuvent avoir été réellement abandonnées ou délaissées dans leur enfance par un être aimé, et elles reproduisent cette situation pour la rejouer, la comprendre et la maîtriser.

▶ Elles peuvent également avoir la sensation de n'avoir jamais compté pour personne, donc d'être inintéressantes et non « aimables ». Ce sentiment peut avoir été généré par un père absent ou autoritaire, ou une mère froide ou envahissante.

▶ Il se peut aussi qu'elles reproduisent, en se faisant abandonner, la situation psychique de l'un de leurs parents (ou des deux), qui aura joué la victime impuissante d'un autre indifférent. Elles portent alors la souffrance de ce parent et essayent de la comprendre en la vivant et de la réparer.

Ces personnes s'interdiront de s'investir dans un lien satisfaisant avec une personne aimante, non seulement parce qu'aucun membre de la famille n'en a été capable (cet investissement étant perçu comme déplacé et dangereux), mais aussi parce qu'elles s'accrochent à la certitude inconsciente que l'autre finira toujours par dire *non* tôt ou tard.

La solution viendra d'une prise de conscience de ces fausses croyances. En élucidant la situation psychique inconsciente de leurs parents ou de leurs frères et sœurs, ces femmes obtiendront la sensation d'un *oui* symbolique du « grand autre », qui seule pourra leur donner confiance en elles. Cette confiance attirera alors des hommes plus solides, qui pourront rester.

Il m'est impossible de m'engager dans une relation sérieuse. Une fois que j'ai réussi à séduire la femme que je convoitais, elle ne m'intéresse plus et je passe à la suivante. Qu'est-ce que cela signifie ?

Manuel Galan : Cela pourrait signifier un désir de posséder toutes les femmes, non pas pour les aimer, mais pour les dominer et les soumettre à son pouvoir de séduction, tel un Don Juan conquérant. Séduire toutes les femmes, soumettre la mort, devenir immortel, voici percé à jour le secret de la convoitise de Don Juan. S'il recommence sans cesse et s'il passe aussitôt à la suivante, c'est parce que pour lui, une femme séduite est une femme morte.

Un séducteur est un artiste, car l'art est érotisme et séduction ; Don Juan est un grand artiste. Il promet beaucoup, mais il déçoit énormément : son art est un art défaillant. Par ses parades et ses jeux de représentation, il provoque des situations de prise de conscience. Il est libertin, libéral et libérateur, mais, en même temps, il ne parvient pas à s'épanouir dans l'amour.

De manière inconsciente, il est en grande partie incapable d'aimer. Toutes les femmes qu'il séduit, c'est lui ! Il s'agit de lui-même, des projections de son propre désir. Il y a « diffraction », c'est-à-dire qu'il y a éclatement, déviation et distribution de ses fantômes et de ses opacités inconscientes. C'est comme si le moi se vidait dans une sorte de « big-bang » et qu'il essayait de maîtriser et de retenir les morceaux en fuite. Chaque femme qu'il séduit est alors un morceau de lui-même ou plutôt « un double » de sa propre féminité. Il cherche à se contenir en dehors de lui-même, afin de résister et de rester vivant. Il y a là une problématique narcissique. Don Juan n'a pas surmonté la dualité du féminin et du masculin en lui, il n'a pas dépassé cette dualité fondamentale du sujet, qui lui revient sous la forme d'une grande passion séductrice.

Le mythe de Don Juan nous permet de mieux comprendre nos séductions et nos convoitises. S'il est un maître incontestable, n'est pas Don Juan qui veut... Son attitude lui demande beaucoup d'effort et un travail énorme pour conserver un certain équilibre et la cohérence de sa personne face à un combat permanent contre le monde, les lois et les pouvoirs.

La femme n'est pour lui qu'un faire-valoir, un prétexte, un jeu. Il n'arrive pas à jouir pleinement de la relation avec la femme, puisqu'elle est à la fois un objet hors de lui et lui-même en tant qu'objet.

Marthe Marandola et Geneviève Lefebvre Decaudin : La course vers la nouveauté est souvent le signe d'une incapacité à gérer les frustrations inévitables de la vie. L'enfant trépigne pour avoir une trottinette rouge, puis pleure ensuite parce qu'il n'a pas la bleue. Quand il l'obtient, il désire immédiatement autre chose et retombe dans la souffrance et la crainte de manquer.

La vie nous offre à chaque instant des possibilités innombrables. Le désir de posséder est un moteur puissant, sur lequel tout notre mode de consommation est fondé. Il est insatiable et nous projette sans cesse à demain : nous n'avons jamais assez. D'une certaine façon, ce désir est une « drogue » dure, un plaisir immédiat, qui a pour grand défaut d'empêcher l'accès à d'autres plaisirs tout aussi puissants : celui de goûter le temps, de savourer, de distiller, de construire, d'approfondir, de pérenniser, d'élaborer des projets à long terme. Devenir adulte (à n'importe quel âge), c'est savoir prendre des décisions et faire des choix, savoir abandonner avec grâce les multiples sentiers que nous ne prendrons pas.

Cécile Chavel : Les hommes qui rencontrent ce genre de difficultés ont souvent un rapport passionnel amour/haine à leur mère (qui aura été trop froide ou trop envahissante) et une impossibilité d'identification au père (qui aura été trop autoritaire, trop faible ou absent). Ils aiment *la* femme comme un idéal inaccessible et dès qu'ils découvrent *une* femme, ils ne sont plus intéressés. En effet, ce qu'ils recherchent, c'est obtenir un *oui* du « grand autre » (celui que nous ne connaissons pas et que nous posons comme supérieur à nous), indispensable pour leur construction narcissique. Ils n'ont pas obtenu ce « oui, je t'aime et je te reconnais » de la part de leur père, et leur immense besoin de reconnaissance les pousse vers ce jeu de la séduction dans lequel ils demandent chaque fois : « Est-ce oui ? Est-ce non ? » Le *oui* du « grand autre » suffit ; le *oui* de la femme désormais conquise, ce « petit autre », est sans intérêt. Ils ont besoin de reposer la question encore et encore, car la réponse ne s'inscrit pas en eux à cause du « raté » au départ.

Souvent, ces hommes ont un besoin de « sauver la mère », et ils choisissent des femmes vulnérables comme elle. En les quittant, ils mettent en acte leur colère inconsciente vis-à-vis de cette mère qui leur a demandé de jouer pour elle ce rôle de sauveur, au lieu de leur permettre de se déployer dans leur propre vie. Les femmes sont généralement séduites par la connaissance du féminin qu'a ce genre d'hommes. Elles peuvent ainsi à la fois se sentir appartenir à la communauté des femmes et y être distinguées et élues. Toutefois, elles ne s'attendent pas à se heurter soudain au rejet qui suit la séduction. En effet, lorsqu'ils ont obtenu le *oui*, ces hommes vont être confrontés à un double interdit générant une double peur :

- d'une part, l'interdit de la mère : « Tu n'appartiendras à aucune autre femme, mon fils » et la peur de se faire tuer par cette mère s'ils s'investissent dans une relation, ce qui s'exprime par une peur d'être étouffé, broyé, envahi par la femme aimée ;
- d'autre part, l'interdit du père : « C'est moi qui ai accès à *la* femme, pas toi ! » et la peur de se faire tuer par ce père s'ils le dépassent et s'unissent à *la* femme, qui normalement est au père.

Deux conditions sont nécessaires pour que s'instaure une vraie relation. Premièrement, l'homme doit résoudre son Œdipe avec sa mère et ne plus avoir peur de fusionner avec la femme. Deuxièmement, il faut qu'il obtienne une reconnaissance symbolique du père – ou d'un père de substitution suffisamment puissant (cela peut venir par l'activité professionnelle) – qui mettra fin à la compétition et à la peur de ne pas être aimé.

Faut-il avoir été aimé pour pouvoir aimer ?

Manuel Galan : L'amour est un capital que nous recevons en partage, que nous transmettons, que nous pouvons faire fructifier, mais qui peut aussi nous conduire à la faillite. Le fait d'avoir été aimé n'est pas une garantie pour pouvoir aimer mieux ou plus fort. Les carences subies seront toujours des « fragilités » à vivre, mais les amoureux sauront combler ou compenser les déficits du passé. C'est pourquoi tout amour est à la fois délectation de l'amour reçu, demande de l'amour attendu et félicité de l'amour créé avec l'être aimé. Avoir été aimé nous aide à pouvoir aimer, mais il ne faut pas que cet amour du passé empêche la dynamique même de l'amour actuel, qui est celle de la réciprocité, de l'échange, de l'écoute, du partage, de l'accueil, de la créativité…

Dans l'amour reçu et donné, il y a notamment les modalités selon lesquelles nous avons été aimés et aussi la personnalité et les intentions des personnes qui nous ont aimés. Il n'est pas rare de découvrir longtemps après que ce que nous croyions être de l'amour n'était en fait qu'égoïsme et manipulation.

L'amour est cette énergie qui nous aide à grandir. L'amour, c'est la vie ; la haine, c'est la mort. L'amour est le comportement le plus beau et le plus digne de la nature humaine. L'amour maternel est fondamental pour chacun. Il existe en chacun de nous une sorte de graine de vie, de volonté, d'immortalité qui ne peut s'épanouir que dans la relation d'amour. Le passé a son importance, mais il n'aura jamais ni un pouvoir fatal, ni un pouvoir total. Aimer, c'est donner son être et son pouvoir, avec toute son histoire : connue, inconnue, à connaître…

Cécile Chavel : L'amour est la nourriture de base essentielle du psychisme humain. Comme nous avons besoin d'eau et de nourriture, nous avons besoin d'amour pour nous développer, pour nous fournir les conditions d'accès à nous-mêmes. Pourquoi donc ? C'est une question métaphysique fascinante, nous le constatons en tout cas chaque jour en psychanalyse.

Une « mauvaise qualité » d'amour engendre des maladies et des souffrances psychiques qui nous empêchent d'être nous-mêmes : elles nous créent des barrières et des poids intérieurs qui nous entravent. Un peu comme si on érigeait des murs autour d'un champ et des barbelés à l'intérieur et que l'on nous demandait ensuite s'il s'agit d'un champ, d'un château fort ou d'un terrain de guerre. Nous serions bien incapables de le savoir.

La « bonne qualité » d'amour, c'est-à-dire un amour qui respecte et soutienne l'autre, est comme un soleil au-dessus du champ : il donne une protection invisible et permet d'éviter d'avoir à construire les murs et les barbelés qui transforment ce que nous sommes.

Marthe Marandola et Geneviève Lefebvre Decaudin : Heureusement, l'amour peut s'apprendre à tout âge. Des personnes ayant été peu ou pas du tout aimées dans leur enfance ont la même capacité à devenir des êtres aimants que n'importe qui d'autre. Des êtres blessés dans leur amour peuvent rétablir la confiance indispensable à de bonnes et riches relations.

Cette certitude est la base de tout notre travail de thérapeutes. Chacun peut apprendre à aimer, à tout âge et de mieux en mieux ; le cœur s'ouvre et s'enrichit. Nous-mêmes espérons toutes deux continuer cet apprentissage, et ceci jusqu'à notre dernier souffle.

Le fait d'avoir été « trop » ou « pas assez » aimé pendant son enfance entraîne-t-il des conséquences négatives dans sa vie de couple ?

Manuel Galan : Il n'y a pas d'amour parfait et encore moins de parents parfaits. Les « trop » et les « pas assez » nous indiquent qu'il y a un décalage entre la réalité et ce que nous croyons vivre. Il y a toujours de la subjectivité et de la fragilité dans l'estime de soi. Le capital narcissique fluctue selon les évènements, les échanges et les rencontres qui sont en jeu dans les relations avec les personnes aimées. Il faudra considérer ce décalage d'une manière dynamique, comme un facteur de compréhension, d'action et de souvenir.

La vie de couple implique un amour vivant, interactif, qui permet l'acceptation des enfances de chacun, de ses trajectoires affectives et familiales. La fonction primordiale du couple est de réinventer la vie en commun. Pour cela, il faudra mettre les forces de l'amour au service d'un idéal pour réparer, consoler, construire, créer...

Nos enfances sont toujours inscrites au plus profond de nous-mêmes. Elles peuvent avoir des conséquences négatives si le couple n'apprend pas à les accueillir, à les apaiser, à les réparer et à leur donner une signification libératrice. Le « trop » est un excès de présence ou de proportions qui étouffe l'enfant. Le « pas assez » est un excès d'absence ou de négligences qui freine le développement de l'enfant. Ces excès subis conditionnent nos comportements et peuvent nous rendre excessifs dans le cadre de notre vie de couple. Aussi le dialogue est-il un outil privilégié : il nous permet d'avoir accès à nos intimités les plus profondes afin de pouvoir les partager et d'enrichir nos comportements.

Cécile Chavel : Pas exactement, car le manque d'amour est toujours ce qu'il y a de plus terrible. Toutefois, certaines façons de « trop » aimer conduisent au même manque d'amour en réalité, lorsqu'il s'agit d'un amour trop narcissique par exemple, quand l'enfant est aimé uniquement comme objet de satisfaction s'il fournit ce qui lui est demandé. L'enfant est alors appelé à être un miroir de la mère ou du père et de leurs aspirations narcissiques non réalisées. Dans ce cas, l'enfant ne peut absolument pas se déployer dans ce qu'il est ; sa personnalité est niée, refusée, muselée. Il doit seulement apprendre à s'adapter à ce qu'on veut de lui. Il ressentira alors que ce qu'il est vraiment n'intéresse personne, donc n'est pas « aimable », et il en tirera un grand manque de confiance en lui et une sensation de non-amour. C'est pourquoi seule une forme d'amour incluant le respect véritable de l'autre et de ce qu'il doit advenir permet d'offrir la nourriture affective nécessaire au bon développement de soi.

Marthe Marandola et Geneviève Lefebvre Decaudin : L'amour est une formation permanente ! Toutes les expériences difficiles peuvent être transmuées en prises de conscience salvatrices. Il n'existe pas d'enfance parfaite, ni de parents sans défaut : c'est une illusion à faire disparaître. Nous avons tous causé et nous causerons encore des dégâts dans le cœur des autres... souvent par inconscience d'ailleurs, plus que par désir de nuire.

Le plus passionnant dans la vie de couple, c'est de vouloir construire ensemble une relation digne et forte. Toute incompréhension, toute blessure devient alors une occasion de s'entraider à comprendre, à progresser et à guérir ses anciennes blessures.

Ni avec toi, ni sans toi

*Ma relation avec mon conjoint repose sur un rapport de force per-
manent. C'est à qui l'emportera sur chaque idée, chaque décision,
même la plus anodine. Pensez-vous que notre couple a une chance
de survivre dans cette atmosphère conflictuelle ?*

Manuel Galan : Un rapport de force permanent ne peut pas être favorable pour la vie du couple. En principe, pour que le couple soit viable, il faut un climat de paix, d'harmonie et un rapport de complicité
qui permette aux deux partenaires d'avancer dans le même sens… Le
conflit dans le couple est un affrontement dans lequel l'un empêche
l'autre d'avancer.

Dans ces rapports de conflit permanent, nul ne sait vraiment ni ce
qu'il fait, ni qui il est. Les identités sont troublées ; les véritables raisons du conflit sont archaïques et non identifiées ; l'intensité est
immense et l'ignorance absolue. Chacun ne voit dans l'autre qu'un
obstacle sur son chemin qu'il lui faut éliminer une fois pour toutes,
mais qui revient tout le temps avec l'intention expresse de l'empêcher
de vivre.

Nous savons que ces conflits dans le couple peuvent aussi être une
manière intime et spécifique de s'exciter et de jouir ensemble. Parfois, ce rapport de force n'est rien d'autre qu'un rapport amoureux,
un jeu érotique à connotation œdipienne. Cette jouissance persécu-
trice et déviante est particulièrement dangereuse pour l'équilibre du
couple et des enfants. Il est impossible de vivre ou de survivre dans

cette atmosphère conflictuelle, si l'on ne sort pas de la violence œdi-pienne, toujours inconsciente. Vite ! Il est temps de se faire aider pour sortir de cet enfer.

Cécile Chavel : Nous avons tendance à rechercher des rapports sado-masochistes si nous avons été confrontés dans l'enfance à des rapports de pouvoir traumatisants, soit entre nos parents, soit directement avec eux. Si nous avons subi une autorité abusive, il se peut que nous ayons été comme obligés d'y trouver du plaisir pour survivre et que nous ayons pris l'habitude de prendre pour marques d'amour des marques de rudesse. À l'âge adulte, dans ce cas, il se peut que nous recherchions des rapports similaires, soit par habitude, soit pour retrouver le seul plaisir que nous connaissons, soit pour inverser la tendance et être celui qui maltraite l'autre. Cela peut aussi être une tentative pour comprendre celui qui nous maltraite, essayer de le « soigner » et de le changer par notre amour.

Marthe Marandola et Geneviève Lefebvre Decaudin : Nous avons une vision personnelle très dynamique du conflit. Il faudrait d'ailleurs inventer un autre mot que *conflit*. D'abord, le conflit est inévitable dans tout rapport humain. Il est complètement illusoire de croire que nous pouvons avoir une relation durable sans aucun conflit. Cepen-dant, *conflit* ne veut pas dire *destruction, attaque, violence* et *agressivité* ! *Conflit* signifie qu'à un moment les deux partenaires vont se « frotter », qu'il va y avoir des aspérités dans leur relation.

Si pour préserver la relation, je choisis de ne pas dire ce que j'éprouve, je vais en réalité créer une distance vis-à-vis de mon parte-naire par mes frustrations et mes colères inavouées. Nous connaissons tous ces stratégies d'évitement : ruminer des rancunes, aller se plain-dre à quelqu'un d'autre, avoir des actions de passif-agressif « je ne te dis pas pourquoi je ne suis pas bien, mais je vais te le faire payer d'une certaine façon », retourner sa colère contre soi par la maladie, le mal-être, la tristesse…

Si au contraire j'explose de façon incontrôlable et blessante, je m'use dans la guerre et la confrontation violente. Une autre voie est d'apprendre à oser le conflit sans violence ni blessure. On choisit alors de revenir vers l'autre en ayant la volonté et la sincérité de poser sur la table ce qui ne va pas, sans chercher à accuser, mais en comprenant que toute situation a de multiples causes, que la relation est forcément quelque chose de très complexe. On accepte de prendre sa part de responsabilité dans ce qui a pu arriver et d'en parler le plus franche-ment possible sans brutalité.

Oser le conflit, c'est, selon nous, oser la voie du cœur. L'autre a alors toute la liberté de pouvoir à son tour expliquer, approfondir, etc. Accompli dans cet esprit, dans une volonté d'apaisement et de dépas-sement, ce travail sur le conflit permet aux personnes de mieux se comprendre et, en conséquence, de s'accepter mutuellement.

Le conflit révèle de nombreuses choses qui ne sont pas encore visibles dans la relation, des aspects de l'autre ou de nous-mêmes en train d'apparaître dans l'histoire commune, et qui font que nous ne pou-vons plus reprendre les mêmes places qu'avant.

C'est très net, par exemple, dans les conflits durant l'adolescence entre parents et enfants, lorsque l'enfant commence à prendre sa place d'adulte. Il échappe alors aux parents et, d'une certaine façon, les parents aussi échappent à l'enfant, d'où l'incompréhension réci-proque. Dans un couple, c'est peut-être l'occasion de révéler la matu-rité nouvelle d'un des partenaires, même si elle n'est pas encore clairement consciente. Le conflit fait apparaître de l'invisible. Quand il aura été dépassé, les choses ne seront plus identiques : nous aurons évolué, le regard de l'un sur l'autre aura changé et la relation même aura été modifiée.

Pour oser affronter le conflit, il est certain qu'il faut pouvoir dépasser la peur fondamentale du changement due au fait que nous ne savons pas où il nous mène. Le changement peut susciter de l'angoisse, notamment pour les êtres fragilisés par un syndrome d'abandon. Bien abordé, le conflit est un carburant dans la relation, dans les entreprises ou entre nations. Il oblige au questionnement. *Questionnement* ne veut pas dire *accusation*. Il est possible de comprendre sans approuver, d'interroger sans brutalité, d'exprimer ce qui se passe en nous sans être immédiatement dans un rapport de force avec l'autre. C'est un chemin un peu étroit, mais qui fait qu'une relation devient extrêmement riche.

Je voudrais garder un jardin secret, mais il m'arrive de culpabiliser. Faut-il tout se dire dans un couple ?

Manuel Galan : Chaque individu porte en lui un jardin merveilleux, un monde extraordinaire qui est à la fois un mystère et un secret, pour lui et pour les autres. Cet univers intime ou *jardin secret*, que nous croyons parfois connaître, se dérobe sans cesse à notre connaissance. Aussi ne pouvons-nous ni le dire, ni le partager en totalité. Plus que vouloir tout se dire, il faudra apprendre à se faire confiance, à raconter des souvenirs, des émotions, des sentiments, des intuitions et à dire les choses par plaisir et quand elles viennent, plutôt que par peur ou sous la contrainte.

Le fait d'être en couple n'annule en rien l'autonomie et la profondeur de chaque individu. L'amour doit nous aider à grandir et à nous développer, et nous n'avons jamais fini d'évoluer. Le couple ne peut s'épanouir que si chaque partenaire développe ses potentialités, qui sont multiples, si le plaisir de l'un encourage celui de l'autre. Rien de valable ne pourra se faire si l'un s'épanouit au détriment de l'autre. Être ensemble ne veut pas dire qu'il faut être identique et transparent, car le mimétisme peut devenir destructeur. Il faut distinguer le secret « pour nuire » du secret « pour s'épanouir » : le premier est menaçant et destructeur, le second confiant et prometteur. La culpabilité, si elle devient persistante, devra être considérée comme un symptôme qui exprime à la fois un déficit de confiance dans le partenaire, une réactivation de blessures de l'enfance, une résistance à la symbiose et à la fusion, et un désir d'autonomie pour s'épanouir autrement et enfin vivre sa différence.

Cécile Chavel : Il est difficile de répondre d'une façon générale à cette question, car il existe autant de « pactes de couple » différents que de couples. Ce qui est très important, c'est que les deux partenaires soient d'accord sur le même pacte. Cependant, on peut penser que si nous n'avons pas la sensation de pouvoir parler librement à notre conjoint de ce que nous sommes et de ce que nous ressentons, c'est que quelque chose doit coincer quelque part et pourrait être élucidé et approfondi. C'est en effet le partage de ce que nous sommes et de nos émotions qui construit l'intimité et nourrit le désir. Une atmosphère de confiance et de respect est aussi très favorable au plaisir sexuel. Cependant, si « tout se dire » veut dire insulter l'autre et le blesser, il y aura bien sûr un problème tôt ou tard !

Marthe Marandola et Geneviève Lefebvre Decaudin : Entre « tout se dire » et « ne rien se dire », il faut trouver un juste niveau d'échange, dans le respect de la dignité de chacun. Certaines franchises sont des actes de brutalité pure ; certains « oublis » sont des hypocrisies.

En tant que médiatrices, notre intention première est que les êtres puissent à nouveau se parler et s'écouter en personnes adultes et responsables. La demande de médiation est causée par une souffrance apparemment identifiée. Une personne vient toujours avec une cause repérée, par exemple « Mon conjoint ne me comprend pas, nous nous disputons tout le temps. Je veux lui parler, mais il ne veut jamais m'entendre… », ou encore « Notre enfant ne va pas bien et c'est une source de conflit à la maison. Maintenant c'est affreux, l'ambiance au quotidien est horrible. » Il s'agit de la cause première, celle qui est avancée, facilement identifiable. Cependant, en médiation, on la dépasse très vite et on trouve toujours derrière une parole qui n'arrive plus à s'échanger, une écoute devenue inexistante.

Ce manque d'échange et de confiance a de multiples causes : des colères, des souffrances, des peurs, des sentiments niés ou retenus venant sans cesse polluer la relation. Les deux partenaires peuvent ne plus partager les mêmes valeurs, les mots ne signifiant pas les mêmes choses pour l'un et pour l'autre. Ils peuvent avoir des visions très différentes du couple, de la famille, de la place d'un homme, d'une femme, des enfants, de la façon de vivre, etc. Certaines évidences ne le sont plus… Il existe donc de multiples causes de souffrance et de mal-être sous les apparences.

En général, la première question posée en médiation est tout simplement : « Qu'est-ce qui vous amène ici ? » Ensuite, il faut dérouler tranquillement le fil de ce qui arrive, aider les personnes à

s'exprimer et à clarifier ce qui se passe en elles en leur offrant la certitude d'être comprises et entendues, et surtout, les aider à s'écouter
mutuellement. C'est l'art central du médiateur : faire en sorte que la
parole ait à nouveau un sens compréhensible par tous, qui puisse être
partagé. « Tout dire » ne veut rien dire : seule la qualité de la parole
compte, avec l'ouverture de cœur qu'elle présuppose, le respect de
soi et de l'autre.

Fais-moi un bébé !

Je suis en train de me séparer de mon mari avec lequel j'ai eu un enfant qui a aujourd'hui deux ans. J'ai peur que mon enfant ne parvienne pas à se structurer en l'absence d'un père à la maison. Plus généralement, qu'en est-il des enfants soumis à la multiplication des divorces et à l'émergence des familles monoparentales ?

Manuel Galan : La famille est en pleine mutation, les changements vont plus vite que nos mentalités et nos capacités d'adaptation. Les séparations sont toujours difficiles, et les enfants sont les premiers à en souffrir. Cependant, une peur raisonnable est toujours normale et peut découpler notre courage pour affronter les situations nouvelles. La notion d'absence est toujours liée à une conception rigide de la famille et de la maison, comme si la famille ne pouvait exister et se développer que dans un lieu immobile dans lequel le rôle de chacun est établi et défini une fois pour toutes.

Tout bouge, la famille aussi. L'histoire nous montre que la famille s'est beaucoup modifiée au cours du temps. Nous sommes passés d'une famille de groupe, dite *tribale*, à une famille ultramoderne dite *monoparentale*. Qu'avons-nous perdu, qu'avons-nous gagné ? Des violences atroces ont été commises au nom de la famille et même encore aujourd'hui des crimes sont commis au nom de l'« honneur sacré » de la famille. Les guerres des familles et les crimes d'honneur ont nourri les haines.

On pourrait dire que c'est bien de cette fatalité cynique et violente que l'individu et la famille moderne aimeraient sortir. C'est bien la tolérance qui est absente ou presque. L'individu supporte de moins en moins de faire semblant. Les changements de partenaire, de cadre, de lieu, ne doivent jamais nous faire négliger les liens, les liants, les lois, l'essentiel vis-à-vis des enfants et de nos anciens partenaires. La paix, l'amour, la vérité et l'éducation devraient paver nos démarches, nos relations et nos intentions. Pour les enfants, le plus important est la permanence du sentiment d'amour, du comportement de respect, de la régularité des soins, de la profondeur de l'écoute et du tact dans l'accompagnement.

L'idéologie de la causalité nous fait toujours chercher et trouver un coupable. Aussi faudra-t-il faire très attention aux discours faciles et se garder notamment de déplacer vers l'enfant cette logique simpliste et très néfaste pour son développement. Inévitablement, la famille change, mais il est toujours en notre pouvoir de conserver l'essentiel et de le faire fructifier.

Cécile Chavel : Le complexe d'Œdipe est très souple et très adaptable. Il peut se compliquer à souhait si l'enfant a un père plus un beau-père, une mère plus une belle-mère, des frères et sœurs plus des demi-frères et des demi-sœurs… Il y aura autant de désirs croisés et cumulés que de relations pour l'enfant. Ce n'est pas forcément un problème, cela peut même être un enrichissement, car cette situation propose à l'enfant différents modèles identificatoires de féminité et de masculinité.

Par ailleurs, dans une famille monoparentale, la mère peut très bien jouer le rôle du père et de la mère (un « deux en un ») pour l'enfant, qui trouvera ailleurs dans la société d'autres modèles complémentaires masculins – et inversement si c'est le père qui est le seul parent. Le seul problème majeur dans l'Œdipe au cours des divorces survient quand les deux partenaires se haïssent, se déchirent, ou même quand seul l'un des deux rejette violemment l'autre. En effet, l'enfant étant le fruit des deux parents, il se trouve rejeté lui-même pour moitié par l'un et pour moitié par l'autre, et comme déchiré par cette haine. De plus, s'il est mis en position de devoir choisir, de prendre part à cette guerre, il se sentira comme amputé d'une partie de lui-même, car il devra bloquer son sentiment d'amour pour l'un des deux parents, alors qu'il a besoin de pouvoir s'appuyer sur les deux. L'amour non admis et refréné créera en lui une culpabilité pesante. La haine et le rejet créent toujours de la destruction. Il est problématique dans les divorces de confondre parentalité et couple.

Marthe Marandola et Geneviève Lefebvre Decaudin : La médiation sert aussi à cela, à pouvoir continuer à échanger entre père et mère, même lorsqu'ils ont cessé d'être amants. La décision de rupture ne peut se faire sans traverser des culpabilités et de grandes craintes, notamment vis-à-vis des enfants. Que faire ? Il n'y a aucune bonne décision, sinon celle faisant de nous des adultes plus heureux, donc de meilleurs parents. Les enfants sont parfaitement capables de comprendre tout ce qui se passe. Ils savent d'ailleurs très bien que le couple a cessé de s'aimer. Il est impossible de leur épargner cette souffrance, mais nous pouvons leur épargner nos guerres d'adultes, ce qui est déjà un grand cadeau !

Les enfants peuvent avoir l'image de parents courageux, qui osent se remettre en question, bâtir leur vie, prendre des risques, faire des choix, en honorant l'amour qui fut et dont ils sont issus.

Comme de nombreuses femmes de ma génération, je mène de front ma carrière professionnelle et ma vie privée. J'ai parfois le sentiment que mon fiancé me reproche l'intérêt que je porte à mon métier. L'évolution du statut de la femme dans notre société a-t-elle une incidence sur le couple ?

Cécile Chavel : Oui, bien sûr. Le couple est toujours une construction sociale autant qu'affective, il évolue donc avec son époque. La femme a acquis plus d'autonomie, de liberté et d'égalité par rapport à l'homme, et cela se ressent dans ses positionnements en général et dans son couple en particulier. Les femmes se sentent davantage autorisées à dire leurs désirs et leurs besoins, à poursuivre un bonheur personnel. Les hommes doivent s'adapter à ces nouveaux comportements, et ce n'est pas toujours facile ! Cependant, ils y gagnent aussi, par l'enrichissement des échanges dans des amours peut-être moins conventionnelles, plus vivantes. Les femmes s'autorisent plus leur côté masculin et les hommes peuvent s'autoriser davantage leur côté féminin. C'est une évolution très intéressante, porteuse d'approfondissement pour le couple.

Manuel Galan : L'évolution du statut de la femme a bien évidemment une incidence sur la famille. Cependant, il est également important de constater l'évolution du comportement des hommes. Parallèlement aux nouvelles responsabilités professionnelles dévolues aux femmes émerge, me semble-t-il, un intérêt croissant des hommes pour la famille. Ils ne se contentent plus de « faire bouillir la marmite » du ménage. On assiste à un phénomène particulièrement intéressant ces dernières années : les congés paternels. Les hommes sont de plus en plus nombreux à se porter volontaires pour s'occuper

de leur progéniture, mettant entre parenthèses leur activité professionnelle le temps d'un congé parental qui ne concernait traditionnellement que les femmes.

Cette nouvelle donne va exactement dans le sens de ce que Cécile
Chavel dit précédemment : les hommes ont enfin le droit de sortir de
l'équation restrictive de la masculinité au sein de la famille (homme
= argent + autorité), et de déployer leur part de féminité. Cela ne
veut pas dire que les fonctions de chacun sont tronquées, elles sont
simplement plus ouvertes et plus nuancées. La fonction paternelle
n'est pas la fonction maternelle, mais il paraît évident que les hommes
« s'adoucissent » et se tournent désormais vers des préoccupations
habituellement plus féminines, plus maternelles. En aucun cas, il ne
s'agit de copier l'autre, ni de le déposséder de son identité, il s'agit au
contraire de le découvrir et de l'approfondir en soi, car la féminité de
l'homme n'est pas celle de la femme et la masculinité de la femme
n'est pas non plus celle de l'homme. Je crois qu'il est inutile de préciser que cette évolution me paraît particulièrement riche pour le couple, mais aussi pour le développement des enfants. Que les positions
des uns et des autres soient moins tranchées permet, à mon sens, un
épanouissement personnel plus complet et plus prometteur.

Marthe Marandola et Geneviève Lefebvre Decaudin : Le temps n'est
pas extensible. « Tu n'es jamais là », « Tu ne m'écoutes jamais », « Tu
as toujours la tête ailleurs, comme si nous ne comptions pas pour
toi... » : nous entendons si souvent ces reproches pendant les
médiations ! Ce constat banal nous oblige à nous interroger sur ce à
quoi – et avec qui – nous passons vraiment notre temps.

Il est intéressant de noter la qualité du temps passé avec l'autre. En
effet, il ne s'agit pas de faire acte de présence, mais d'être réellement

avec l'autre ; pas seulement de se demander qui va acheter le pain, ou
« Qu'est-ce qu'on regarde à la télévision ce soir... », mais d'être
attentif à l'autre lorsque c'est nécessaire. Un « bonjour » n'est qu'un
simple mot, tout son sens est dans l'attention que nous y mettons. Or
il est très facile, entre nos heures travaillées, nos soucis, nos courses,
nos déplacements, nos obligations de toute sorte, d'être de moins en
moins présents pour les êtres aimés. « Je n'ai pas le temps... » : pas le
temps de s'occuper de soi, de jouer avec les enfants, de se parler, de
partager... C'est de cela dont il est question, bien plus que de savoir si
la femme ou le mari doit plus ou moins s'investir dans son travail. Ce
temps vraiment partagé est une construction à faire à deux, un équilibre à rétablir sans cesse ; c'est cela « prendre soin de la relation ».

*Depuis la naissance de notre premier enfant, mon mari et moi
connaissons quelques difficultés dans notre couple. Je suis très à
l'aise dans mon nouveau rôle de mère, mais j'ai beaucoup de mal
à me retrouver en tant que femme. Par conséquent, mon mari se
sent délaissé et nous nous disputons souvent. Cette situation est-elle
normale ?*

Manuel Galan : La maternité est un évènement très important dans le
couple, surtout s'il s'agit du premier enfant. Le nourrisson a besoin
de beaucoup de soins et d'attention, et il se peut que le mari se sente
exclu de ce qui peut lui sembler en dehors de ses compétences.
Comme si « être maman » allait de soi alors qu'il faudrait apprendre à
« être papa »... Néanmoins, nous pourrions dire que la fibre paternelle a parfois besoin d'être sensibilisée et préparée convenablement,
car il se peut que l'homme éprouve un sentiment d'abandon et même
d'exclusion de la part de son épouse.

Il arrive même qu'il soit jaloux de l'enfant. Ce sentiment peut le perturber, lui faire ressentir une étrange violence subie de l'intérieur et le rendre ainsi irritable et inadapté à la nouvelle situation familiale. Aussi l'homme peut-il ne pas se sentir valorisé dans son statut de père. Pour cette raison, l'épouse devrait l'aider à découvrir et à aimer son rôle de père, tant que les difficultés et les disputes ne prennent pas des proportions dangereuses. Autrement, il faudra que le couple soit aidé par des professionnels de la famille. La naissance crée une nouvelle réalité qui interroge nos imaginaires, nos désirs et nos univers symboliques. La naissance d'un premier enfant fait toujours émerger des émotions individuelles de sa propre enfance et des récits de sa propre naissance. De même, resurgit une mémoire affective que nous pourrions qualifier d'*inconsciente*, du fait qu'elle se manifeste sur un mode irrationnel et très confus, les sentiments de frustration se mêlant aux souvenirs et aux désirs. C'est comme si chacun voulait être en même temps un enfant idéal : c'est le grand retour à l'enfance.

Passer de deux à trois modifie le couple dans toutes ses dimensions, ses aspects et ses relations. Ainsi, nous pourrions donner un sens positif aux difficultés et dire que quand un mari se sent délaissé, c'est parce qu'il aime son épouse en tant que femme. Aussi faudra-t-il sans cesse solliciter le dialogue, afin de partager les sentiments, les émotions, les souvenirs et les complicités, pour mieux se comprendre et se redécouvrir à nouveau dans l'intimité aimante des époux.

Le délaissement est une question de délai, il faut savoir attendre le temps indispensable pour que la nouvelle situation se normalise et se stabilise. Toutes proportions gardées et précautions appliquées, les conflits et les disputes ne sont que des modalités déviantes pour conserver la fidélité dans le couple. Voilà pourquoi il est toujours si important de comprendre les situations et de leur donner une signification, afin de mieux partager, de mieux vivre et de mieux s'aimer.

Marthe Marandola et Geneviève Lefebvre Decaudin : L'arrivée d'un enfant, surtout celle du premier, représente un investissement extrêmement important pour une femme : en disponibilité, en attention et en temps. C'est un nouveau rôle à apprendre complètement, avec tout ce que cela suppose comme tensions, appréhensions, inquiétudes, fatigue… Une vérité très simple est qu'on ne peut être partout à la fois, d'autant que le corps de la femme est rudement « secoué » pendant la grossesse et au moment de l'accouchement. Il faut du temps et un espace pour se retrouver.

Maintenant, si au bout de quelques mois le désir de la femme ne revient pas, on peut se poser quelques questions, notamment sur sa représentation intérieure de la femme et de la mère. Comment sa propre mère a-t-elle vécu son partage entre maternité et sexualité ? Estimait-elle qu'on est femme seulement à partir du moment où l'on est mère ? Et, en conséquence, que la maternité est plus importante que tout ? Que la sexualité sert d'abord à cela ? Il n'y a pas dans ce domaine de réponses meilleures que d'autres. Chaque femme, chaque couple, s'invente la sienne. L'important est de s'attacher à être clair et honnête avec soi-même.

C'est peut-être le bon moment pour en parler ensemble, pour aborder ces questions si profondes : qu'est-ce qu'être femme ? Qu'est-ce qu'être homme ? Comment pouvons-nous faire se rejoindre nos désirs et nos besoins, quand ils ne sont pas dans le même « timing » ? Comment donner au bébé une place juste qui n'empêche pas les conjoints de se rejoindre ? Il ne faut pas oublier ce grand précepte de la systémie familiale[1] : ce sont les parents qui donnent sa place à l'enfant. Ainsi, plus le couple est au clair avec sa propre histoire, plus l'enfant prend sa juste place.

Cécile Chavel : Cette situation malheureusement assez fréquente peut avoir des causes bien différentes. Tout d'abord, il existe une réalité physique qui est celle de la souffrance de l'accouchement. Elle peut empêcher la femme de reprendre une activité sexuelle pendant quelque temps, par peur de la douleur ou par crainte de se confronter de nouveau à cette partie d'elle-même qui a pu être, dans son ressenti, traumatisée ou meurtrie. Dans ce cas, il ne s'agit pas d'une perte de désir : seule la pénétration est concernée, contrairement à toutes les autres pratiques sexuelles. Or il arrive que l'homme confonde une « non-envie » de pénétration avec une perte de désir. Inutilement vexé, il se renferme et blesse ainsi durablement sa femme qui s'éloignera de lui. Dans ces moments, il est important que la femme puisse parler, exprimer ses envies et inciter l'homme à participer à un renouveau de leur vie sexuelle. D'autres pratiques et jouissances peuvent alors devenir un jeu initiatique pour l'homme, une véritable découverte des possibilités du corps de la femme qu'il n'a pas pu explorer puisqu'il se focalisait sur la pénétration.

La véritable perte de plaisir, c'est autre chose ; elle s'explique par différents processus. Tout d'abord, le fait de devenir mère réactive la problématique du lien à sa propre mère, avec la difficulté, parfois, de s'autoriser à prendre la place de cette mère, surtout quand celle-ci refuse inconsciemment d'être détrônée. Dans ce cas, la femme va vivre sa maternité, mais en croyant qu'il faut payer un prix, une sorte

---

1. Thérapie familiale.

de tribut à sa mère pour cette autorisation. Le prix sera la fin de sa vie sexuelle avec l'homme, en particulier si la mère a fait de même et lui a donné l'image d'une mère uniquement maternelle, ni sexy ni désirante. L'héritage familial d'une morale religieuse accentue souvent ce problème, avec le tabou de la collusion maternité/sexualité. L'image de la Vierge Marie reste alors la seule référence tolérée.

Un autre problème peut apparaître : si la femme n'avait pas auparavant un véritable amour désirant pour son compagnon (à cause d'un problème de lien au père) et était dans la croyance qu'elle ne peut être aimée totalement de l'homme, elle aura tendance à se reporter sur son enfant. C'est d'autant plus vrai si c'est un fils, car elle se dira inconsciemment qu'elle pourra obtenir de celui-ci cet amour inconditionnel qu'elle n'a pas vraiment eu avant et dont elle a toujours rêvé. Elle se croit plus en sécurité en donnant cet amour à son enfant et en attendant de lui un retour. Elle pense que lui saura la comprendre et l'aimer, et qu'il ne la quittera pas pendant au moins dix-huit ans. Ce faisant, elle confond les places d'amant et d'enfant. C'est un leurre dangereux, car ce type d'amour va étouffer l'enfant qui en souffrira. Il lui en voudra plus tard de n'avoir pas pris elle-même en charge sa vie affective et sexuelle.

Quelquefois, c'est l'homme qui le premier a une baisse de désir, parce qu'il ne peut considérer sa femme à la fois comme mère et comme maîtresse, ou parce qu'il peine à prendre sa place de père. Il peut aussi avoir été traumatisé par la vision réelle ou fantasmée de l'accouchement, et avoir rendu l'endroit sacralisé ou tabou. Il peut également se sentir jaloux de l'attention que la femme porte à l'enfant. Dans tous ces cas, il s'éloignera de sa partenaire qui se sentira dévalorisée dans un moment où elle a pourtant particulièrement besoin d'être rassurée sur son corps. Elle se renfermera sur elle-même pour longtemps, plus longtemps que le mari, qui se plaindra alors d'un manque de désir de sa femme.

Il y a toujours une grande souffrance à croire que l'autre ne vous désire plus et l'interaction est telle qu'il est souvent impossible de déterminer lequel a cessé de désirer l'autre en premier. La seule solution reste le dialogue, le plus tôt possible, au sein du couple ou en thérapie, pour lever des malentendus éventuels et transformer ces épreuves en occasions de mieux se connaître, ou même, de se découvrir.

TROISIÈME PARTIE

Les approches thérapeutiques

À la fin du XIXᵉ siècle, s'avisant que l'usage de la parole semblait doué de pouvoirs thérapeutiques, Freud crée la méthode dite cathartique, selon l'expression employée par Aristote pour désigner la véritable décharge émotionnelle vécue par les Athéniens devant les grandes tragédies grecques. Dès lors, parce qu'elle permet en quelque sorte de « purger » les émotions, la parole devient centrale dans le traitement de l'âme.

Il est difficile de trancher le nœud gordien d'un mal-être à deux quand l'escalade de la mésentente a rompu les digues de la communication. Pour en parler, un psychanalyste, un thérapeute de couple et deux médiatrices…

La cure analytique : le couple en tant qu'individu

Jean-Yves Raffort

Sommes-nous toujours deux dans un couple ?

Qu'entendons-nous vraiment lorsque nous nous intéressons à la notion de couple ? Deux individus que les sentiments ont rapprochés et qui partagent un certain nombre de choses : un appartement, une voiture… Une vie ? Certainement pas !

Si vivre ensemble est une réalité, que donnons-nous réellement de nous à l'autre ?

Dans le cadre de la cure analytique en duo (analyste-analysé), c'est l'individu, le patient, l'analysant qui est au centre du monde. Il n'est cependant pas seul, puisqu'il apporte ses problèmes, ses angoisses, ses symptômes qui font intervenir certes le conjoint, mais aussi les enfants s'il y en a. En revanche, la genèse du mal-être du patient conduit le plus souvent l'analyste à se pencher sur les conflits inconscients de l'enfance et donc *a fortiori* sur les évènements largement antérieurs à la vie de couple.

La cure analytique, à la différence d'autres thérapies qui agissent sur le couple en tant que nœud du problème, prend en quelque sorte le contre-pied du couple en n'utilisant qu'une vision du monde, celle du patient.

La notion de couple est-elle pour autant absente de l'analyse ? Non, elle est même majeure, mais il ne s'agit pas ici du même couple. Il ne s'agit d'ailleurs pas d'un couple, mais de ce que nous pourrions appeler un « trouple », c'est-à-dire un trio constitué d'une mère, d'un père et d'un enfant.

Le mode de fonctionnement de ce trouple dépend éminemment de l'activité du complexe d'Œdipe. Il est généralement admis que lors de l'œdipe, le jeune garçon est particulièrement attaché à sa mère et voudrait en quelque sorte « arracher » sa mère à son père afin de la garder pour lui. Il est également admis qu'une jeune fille agira de même avec son père, pour avoir comme une sorte d'exclusivité avec lui.

Les choses ne fonctionnent cependant pas toujours ainsi. En effet, si le jeune garçon peut tenter d'écarter son père pour s'accaparer sa mère, il peut également « décider » de prendre la place de sa mère et de rester avec son seul père. *Décider* est un terme un peu usurpé dans ce cas, car il ne décide de rien consciemment, il est contraint par son inconscient. Il serait par trop difficile et long de décrire ici ce mécanisme, mais nous voyons que le couple ne concerne non pas deux personnes − dont le sexe importe peu par ailleurs −, mais au minimum trois, voire plus.

Pourquoi plus que trois ? Parce qu'il est très fréquent qu'outre les deux composantes du couple et les enfants, viennent se greffer les parents, la famille au sens large, mais aussi les précédents partenaires, les collègues, bref, tous ceux qui influent plus ou moins directement sur le couple. Les problèmes du couple ne peuvent être réduits à la simple dimension de deux êtres humains.

Le couple est ainsi déterminé comme un nœud central d'où partent une multitude de nœuds, parfois autonomes, parfois dépendants. La possibilité de « démêler » ce nœud dépend à la fois de la volonté du couple de retrouver une harmonie et de la capacité de l'analyste à mettre en évidence la genèse du conflit.

Un couple change au cours de sa vie. Tous les efforts des partenaires seront opposés à la force de l'habitude et chacun révélera, sans coup faillir, sa réelle personnalité. Après l'écoute première, l'indifférence – voire l'hostilité – apparaîtra lorsque les évènements de la vie bousculeront le quotidien du couple.

L'écoute, l'indifférence, l'hostilité

Notre rencontre avec une personne et les émois qui s'en suivent nous incitent souvent à « surécouter » l'autre. L'écoute, le fait d'être attentif à l'autre – lorsque nous savons que nous tombons amoureux ou lorsque nous sommes seulement très intéressés – nous amène souvent à ériger l'autre comme objet absolu au détriment de notre personne. Écouter, c'est essayer de comprendre, mais c'est parfois aussi interpréter. Or cette interprétation conduit fréquemment à attribuer aux propos de l'autre, étranger malgré tout, le filtre de nos propres émotions, les courants de pensée et de censure qui nous constituent. De cette divergence incontournable naissent les premières sources de conflit. Ces conflits peuvent être sans importance, il peut s'agir d'un simple recadrage de type : « Je pensais que tu étais comme ceci ou que tu pensais comme cela. » Le langage a ceci de particulier qu'il est difficile, en mettant en commun des mots, d'être sûr qu'ils seront « reçus » sans distorsion, c'est-à-dire sans différence notable de sémantique.

Il est intéressant de mettre en parallèle le langage en tant qu'outil de communication sociale et le langage sexuel. Le surinvestissement sensuel comme acte amoureux met en évidence les efforts de chacun pour donner un maximum de plaisir à l'autre et se donner un maximum de plaisir. Au même titre que les mots, les gestes et les attouchements seront effectués, au début d'une relation, avec le désir de donner le maximum à l'autre (ou plus exactement le fantasme du désir de l'autre, c'est-à-dire l'expérience vécue ou apprise de l'art de donner du plaisir), en oubliant parfois où se situent nos limites morales et notre propre plaisir. Nous faisons alors les choses au mieux, quitte à oublier ce que nous n'aimons pas.

Au même titre que le : « Je pensais que tu étais comme ceci ou que tu pensais comme cela », nous adaptons nos envies aux besoins de l'autre. Le recadrage évoqué précédemment permettra alors, dans le domaine du sexe, d'aligner nos actions sur le plaisir réel de l'autre et non plus sur notre fantasme de sa jouissance.

Ceci montre qu'une relation sexuelle, et d'une manière générale une relation de couple, évolue en fonction de la personnalité de chacun et de celle du couple. Si ces recadrages sont sources d'épanouissement (chacun trouve sa place après l'avoir cherché et éteint les premières flammes du conflit en prouvant son attachement), ils sont parfois de nature à provoquer, avec le temps, des déchirures irréversibles.

Si les explications et les disputes sont nécessaires, le silence est quant à lui le meilleur ennemi du couple. Le repli sur soi est très souvent interprété par l'autre comme de l'indifférence, voire comme une rupture de l'« alliage » de la relation. Nous ne faisons plus *un*. Or le problème, c'est que nous n'avons jamais fait *un*.

De là naissent les pires quiproquos qui soient ; ils provoquent des réactions allant d'une indifférence simulée (quoique vengeresse) à une hostilité, feinte ou non, et amènent les deux instances du couple à souffrir. Celles-ci n'essayent plus de se comprendre, elles s'écartent et rompent.

À ce propos, il est important de souligner le rôle de l'*interprétation*, au sens commun et non psychanalytique. Lorsque le repli s'installe, nous interprétons la plupart des réactions ou des manques de réaction de l'autre. S'instaure alors des scénarios rocambolesques : nous échafaudons les pires hypothèses, l'autre est forcément animé de noirs desseins et la méfiance occupe dès lors le devant de la scène. Lorsque nous laissons libre court au fantasme, nous n'imaginons jamais le meilleur... Nous mêlons ainsi nos interprétations du repli de l'autre à nos culpabilités, à nos souffrances, à nos faiblesses. De cette combinaison ressort une sensation de malaise ou de haine.

En fait, nous fusionnons l'idée de ce que l'autre nous fait subir avec nos dysfonctionnements propres, qui peuvent être dus au couple, mais aussi à notre enfance, à nos parents, à nos traumatismes. Notre narcissisme nous joue des tours.

Égoïsme et narcissisme

L'« égo-ïsme » caractérise régulièrement la cristallisation des conflits du couple. Ce qui relève de l'égoïsme pour l'un n'est le plus souvent qu'un juste retour vers soi pour l'autre. Si l'égoïsme est visible dans notre vie quotidienne, ce n'est pas le cas du narcissisme de l'inconscient.

Le *narcissisme*, en psychanalyse comme en langage courant, désigne l'amour qu'une personne se porte à elle-même. Chacun peut se rendre compte de l'importance de ce phénomène, savamment décrit par les auteurs classiques.

Il convient d'abord de relever que le narcissisme n'est pas par nature un phénomène pathologique. De même qu'un individu investit des objets extérieurs (les personnes qu'il aime et désire), il peut aussi tourner son amour vers lui-même. On parlera dans le premier cas d'une *libido d'objet*, dans le second d'une *libido narcissique*. L'une peut se transformer en l'autre (en cas de d'une désillusion amoureuse par exemple), c'est pour cette raison que l'on emploie, dans un cas comme dans l'autre, le mot *libido*. On peut penser que c'est pour une bonne part *elle-même* que la personne continue à aimer dans l'autre. Revenons brièvement sur le mythe de Narcisse, puisque le narcissisme vient bien évidemment de là.

Narcisse, fils de la nymphe Liriopé et du fleuve Céphise, un jeune homme d'une beauté éclatante, restait insensible aux sentiments d'amour qu'il inspirait à la nymphe Écho. Cette dernière éprouvait pour lui une muette admiration. Rejetée avec mépris, elle trépassa de douleur. Ses sœurs s'indignèrent et se plaignirent à Némésis, la déesse de la vengeance, de l'égoïsme et de l'indifférence de Narcisse. La déesse décida alors de venger les soupirantes éconduites, Écho n'ayant pas été la seule à être repoussée. Le devin Tirésias avait déclaré que Narcisse vivrait tant qu'il ne verrait pas sa propre image. Aussi Némésis poussa-t-elle le jeune homme à se désaltérer dans une fontaine au cours d'une chasse. Épris d'amour pour ce visage que lui renvoyaient les ondes et qu'il ne pouvait atteindre, incapable de se détacher de sa vue, Narcisse en oublia de boire et de manger. Il prit racine au bord de la fontaine et se transforma peu à peu en fleur.

Depuis, elle porte son nom et se reflète dans l'eau à la belle saison pour dépérir à l'automne.

Que dire, au-delà du mythe ? « À trop se rencontrer, on rencontre la mort », disait Lacan. C'est bien là le destin narcissique, que l'individu le sache ou qu'il en soit dupe. À s'énamourer d'un autre qu'il croit être lui-même, ou à se prendre de passion pour quelqu'un sans se rendre compte qu'il s'agit de lui-même, à tous les coups, il perd, il se perd.

Ne dramatisons pas les mots de Lacan, mais souvenons-nous que notre amour de nous-mêmes peut mettre en danger nos rapports aux autres. À l'inverse, notre amour de l'autre, à partir de l'instant où nous regardons son reflet comme le nôtre, engagera le combat du couple, parce que cet autre ne sera jamais celui que nous attendons qu'il soit.

Cependant, un autre danger nous guette : la culpabilité, vis-à-vis de l'autre et de nous-mêmes.

La culpabilité vis-à-vis de l'autre et de soi-même

Dans notre vie quotidienne, la plupart de nos rapports sociaux sont susceptibles, à un moment ou à un autre, de donner lieu à un sentiment de culpabilité. Tout est sujet à jugement, et potentiellement à culpabilité. La culpabilité inconsciente est rattachée au *surmoi*, selon le terme créé par Freud. Le surmoi est l'instance morale de notre inconscient et concerne l'ensemble des règles qui nous conduisent à agir sans en avoir conscience. Ainsi, nous pouvons ressentir une vive culpabilité sans en connaître la raison.

Une amorce d'explication peut être donnée en se penchant sur le fameux complexe d'Œdipe, issu du mythe du même nom. Le roi de Thèbes, Laïos, inquiet de ne pas avoir d'héritier, alla consulter l'oracle de Delphes. Celui-ci prédit que le fils qu'il aurait tuerait son père et épouserait sa mère. Malgré ces fatales prédictions, un enfant naquit à la cour de Thèbes. Jocaste, sa mère, effrayée par la sentence de l'oracle, l'abandonna sur le mont Cithéron, après lui avoir percé les chevilles avec une aiguille et les lui avoir liées avec une lanière. Des bergers recueillirent l'enfant ; ils l'appelèrent Œdipe (« pied enflé ») et le présentèrent au roi de Corinthe, Polybos, qui l'adopta avec joie. Il consulte un jour l'oracle de Delphes qui lui répéta la prédiction faite à son père : « Tu tueras ton père et tu épouseras ta mère. » Persuadé que Polybos et Périboéa étaient ses véritables parents, Œdipe les quitta en hâte. Dans un défilé non loin de Thèbes, il croisa Laïos sans savoir que celui-ci était son père. S'étant pris de querelle avec lui, il le tua en coupant le timon de son char. Ainsi s'accomplissait la première prédiction. Poursuivant sa route et parvenant aux portes de Thèbes, Œdipe rencontra le sphinx, ce monstre terrifiant qui posait une énigme aux voyageurs et les dévorait s'il n'obtenait pas de réponse. Œdipe sut trouver la bonne réponse et délivra ainsi le pays de la terreur, car le sphinx mourut. Accueilli à Thèbes comme un bienfaiteur, il fut nommé roi et épousa Jocaste, ignorant qu'elle était sa mère. Ainsi s'accomplit la seconde prédiction. De cette union incestueuse naquirent quatre enfants : Etéocle, Polynice, Antigone et Ismène, qui auront tous une destinée tragique. Quelques années plus tard, une peste s'abattit sur la ville et l'oracle consulté répondit : « Il faut expulser de la ville le meurtrier de Laïos ! » Contre ce meurtrier, c'est-à-dire contre lui-même, Œdipe, toujours dans l'ignorance de son crime, prononça une malédiction implacable. Bientôt, les révélations embarrassées du devin Tirésias permirent au héros de deviner la vérité. De honte, Jocaste se pendit ; Œdipe se creva les yeux et fut chassé de Thèbes.

C'est la mauvaise gestion de cette culpabilité inconsciente, une sorte de « transfert » de nos relations avec notre père ou notre mère sur notre partenaire, qui nous conduira à nous sentir coupables alors que le bon sens nous l'interdirait. Cette culpabilité peut également nous amener à demander (sans le dire) à l'autre de se sentir lui aussi coupable, parce que ses actes auront heurté notre censure inconsciente. Néanmoins, la culpabilité inconsciente, source de nombreuses névroses, dépend de chacun et ne correspond pas à des règles sociales connues de tous et interprétées comme telles.

Alors de quels moyens la psychanalyse dispose-t-elle pour aider à la reconstruction du couple ?

L'impact de la cure sur la vie du couple

La pratique de la psychanalyse met en évidence deux types de thérapies.

Tout d'abord, la *thérapie de couple* dans laquelle seul le couple sera reçu. Cette thérapie fait l'objet de l'article suivant, mais voici d'ores et déjà ses principes de base. Le plus souvent, l'échange est verbal, lors de séances hebdomadaires ou bimensuelles. Le couple est invité à parler librement, chaque partenaire disant ce qu'il souhaite dire : il s'agit alors d'*association libre* verbale du couple. Cette association libre est liée à la règle d'abstinence, c'est-à-dire que le couple renonce à obtenir des conseils, à la différence des thérapies de soutien par exemple. La *règle de restitution* contraint l'analyste à restituer le contenu de ce que pourrait lui dire, entre les séances, un des membres du couple à la personne absente.

Cette thérapie donne de bons résultats et permet, bien souvent, d'émarger les problèmes et de redonner un nouvel élan au couple. Elle peut être renouvelée autant de fois que nécessaire, et il est souvent utile de savoir que quelqu'un, quelque part, écoutera ce qu'il est parfois si difficile de dire à l'autre.

La thérapie individuelle est de nature différente. Elle ne se prévoit pas ; elle intervient ou pas.

Très souvent, dans le cadre de la cure analytique traditionnelle, c'est-à-dire avec l'analysant sur le divan et l'analyste placé en retrait, il apparaît que le patient, en expliquant son malaise et sa souffrance, commence par ces mots : « Je vais quitter mon mari ou ma femme ! » En fait, il s'agit fréquemment de la première démarche pour sauver son couple. La parole, majeure dans cette thérapie, mène le patient bien plus loin que le strict cadre de son couple. À partir des outils traditionnels dont se sert l'analyste, c'est-à-dire l'interprétation des rêves, les lapsus et les mots d'esprit, un nouveau langage voit le jour : le langage de l'inconscient. Lorsque la cure est « installée » et le transfert effectif (de l'inconscient de l'analysant vers l'inconscient de l'analyste et réciproquement), on s'aperçoit que les causes profondes de dysfonctionnement du couple sont bien souvent antérieures à sa constitution.

Les personnes rebutées par l'analyse évoquent fréquemment sa durée. Si effectivement une analyse prend du temps, il ne faut néanmoins pas attendre dix ans pour ressentir ses effets…

Vient alors la question du choix de la thérapie. En simplifiant à l'extrême, on peut dire que pour « soigner » une souffrance parfaitement circonstanciée de type « Mon partenaire me trompe », une thérapie brève peut amplement suffire. En revanche, lorsqu'on ne sait pas d'où vient la souffrance, c'est qu'elle est originaire de l'inconscient. La cure analytique sera alors privilégiée.

Ces remarques peuvent paraître déplacées pour certains psychanalystes. N'oublions pas néanmoins qu'il s'est passé beaucoup de choses depuis Freud, et que la notion de couple telle qu'elle s'entend aujourd'hui ne correspond en rien à celle du début du siècle dernier.

En effet, si Freud a établi un cadre à ses théories, rien ne nous permet de penser qu'il en a formulé les frontières. Plus sûrement, nous pourrions dire que ces frontières n'étaient que le reflet instantané de sa parole. Citons simplement pour exemple la position de Freud sur la féminité : « Si vous voulez en savoir plus sur la féminité, écrit-il en 1933, interrogez vos propres expériences de vie, ou adressez-vous aux poètes, ou bien attendez que la science puisse vous donner des renseignements plus approfondis et plus cohérents[1]. »

*
* *

---

1. « La féminité », in FREUD S., *Nouvelles conférences d'introduction à la psychanalyse*, Gallimard, 1989.

La psychanalyse peut être un outil efficace pour comprendre la mécanique de son couple, mais ses effets ne sont pas prévisibles à l'avance.
Un patient qui souhaite fortement sauver son couple pourra s'aperce-
voir, en calmant sa souffrance par la cure, que la crise de son couple
n'est pas due aux difficultés que chacun rencontre, mais à l'évidence à
un déficit d'amour, et quitter brutalement son conjoint.

La « thérapie de couple »

Cécile Chavel

De nos jours, le choix d'une vie à deux soulève de nombreuses questions : comment savoir si le partenaire choisi est le bon, comment faire en sorte que le désir dure, que l'amour se développe au lieu de s'assécher ?

La notion même de *couple* est pour ainsi dire née de la modernité, avec le développement du droit au bonheur, en particulier pour les femmes. Socialement et culturellement, les exigences qui pèsent sur « le couple » sont devenues différentes, plus lourdes du point de vue affectif, comme en témoigne le nombre croissant de divorces. L'idée de s'interroger sur la relation, d'y consacrer une réflexion et un soin spécifiques voit alors le jour.

La « thérapie de couple » peut paraître *a priori* un concept assez étrange, les cures étant originellement individuelles. Il est pourtant absolument fascinant de constater à quel point le choix du conjoint en dit long sur nous-mêmes, à quel point cet autre que nous aimons vient révéler notre histoire, nos problématiques, nos enjeux.

Un couple arrive généralement en thérapie lorsque ses enjeux se cristallisent, à un moment charnière de la vie des deux partenaires. Ces tournants sont fondamentaux, car ils portent en eux le germe du meilleur comme du pire : du meilleur si le couple parvient à comprendre ce qui est à résoudre, du pire s'il reste sourd aux appels de l'inconscient.

En effet, le problème vient souvent de là : ces « crises » de couple sont le plus souvent des périodes durant lesquelles l'inconscient des deux protagonistes se manifeste fortement, pour parvenir à franchir une étape d'évolution personnelle indispensable. Entendre cet appel peut aider le couple à tenir, s'il devait subsister, ou à rompre, si sa fin devait permettre aux partenaires de poursuivre leur évolution. Cependant, les crises sont toujours une extraordinaire occasion de mieux nous connaître, de savoir ce que nous voulons, où nous souhaitons aller. Tout conflit est ainsi porteur d'un précieux enseignement à qui sait l'entendre.

Une thérapie de couple est souvent entreprise en réaction contre la facilité de changer simplement de partenaire lorsque la relation se gâte. L'idée d'une exigence de bonheur que notre société a rendue de plus en plus légitime est aussi souvent présente. De nos jours, nous n'acceptons plus guère une vie de souffrances et de sacrifices, nous voulons comprendre, agir, et nous avons raison : les souffrances sont toujours en elles-mêmes un appel à leur propre résolution.

Alors, comment donc mener une thérapie « de couple » qui soit autre chose qu'un étalage de griefs réciproques ?

Je ne parlerai ici qu'à partir de ma propre expérience, qui se fonde sur l'analyse de l'inconscient, sachant qu'il s'agit pour le couple d'une analyse du croisement conflictuel de deux inconscients.

Une thérapie est toujours une enquête : on cherchera d'abord à localiser les scènes, les milieux, les contextes, puis les indices, les mobiles, les méthodes... Il existe au moins deux niveaux : le niveau culturel, collectif, historique, dans lequel se situe le couple, et le niveau individuel proprement dit. La thérapie se devra de tenir compte de ces deux étages subtilement imbriqués :

- au niveau que j'appelle *collectif* se situent toutes les contraintes extérieures au couple, le contexte : le couple veut-il satisfaire un désir familial, une tradition religieuse ou sociale, et jusqu'à quel point ? Le couple tient-il pour des raisons financières, commerciales, contractuelles ? Que représente pour chacun la notion même de *couple* ?

- au niveau *individuel* : les deux partenaires veulent-ils lutter contre leur désir inconscient ? Répètent-ils des souffrances familiales et pourquoi ? Comment peuvent-ils en sortir ? Quels sont leurs véritables désirs ?

Pour répondre à ces questions, examinons la situation telle qu'elle se présente au thérapeute qui reçoit un couple, en procédant par étapes :

- Quels sont les termes du conflit et les mécanismes en place ?

- Quelle est la dynamique de la relation ?

- Comment gérer la pulsion dans le couple ?

Le conflit et les mécanismes en place

Le choix du conjoint et la levée des projections

Il est utile tout d'abord de se demander quelles ont été les motivations inconscientes à l'œuvre pour le choix du conjoint. Quelles ont été les raisons de l'attraction lors de la rencontre ?

Il est intéressant de savoir ce qui a été « projeté » sur l'autre dès le départ. Quand nous rencontrons une personne, nous la voyons à travers le prisme de toutes nos expériences passées et de nos fantasmes, à travers un voile, un écran sur lequel nous projetons notre « cinéma » personnel. Ce phénomène est naturel en amour, il est loin d'être gênant *a priori*. Il peut le devenir en revanche lorsque ces projections sont vraiment éloignées de la personne concernée et qu'elles entretiennent un rapport étroit avec des conflits hérités de l'enfance. La relation devient alors électrique à partir d'une série de malentendus.

Ces projections ont pour but de remettre en scène nos rapports passés avec ceux que nous avons aimés et qui ne nous ont pas satisfaits pour les transformer. L'inconscient cherche toujours à :

▶ récupérer ce qui n'a pas été obtenu ;

▶ guérir, soulager ceux que nous avons aimés ;

▶ comprendre pourquoi nous avons souffert.

Malheureusement, il est extrêmement rare que le choix d'un conjoint ressemblant à une figure du passé puisse parvenir à soulager ledit passé. Il échoue généralement, surtout si le « casting » a été bien fait, car les mêmes causes produisent les mêmes effets. Par exemple, si celui qui a souffert d'une mère froide et indifférente choisit une femme ayant les mêmes problèmes et les mêmes blocages, il ne vivra sûrement pas un amour expansif et chaleureux. L'inconscient cherche dans ce cas à transformer l'autre, à l'ouvrir et à le guérir, ce qui ne peut en réalité être fait que par la personne concernée dans une démarche de réflexion sur elle-même. C'est ainsi que les mécanismes de répétition se mettent en place et font souffrir.

La thérapie de couple cherchera à remonter aux sources de ces méca-nismes. On se retrouvera donc en présence de deux échafaudages de désirs inconscients, à comprendre et à désintriquer pour dénouer le blocage. Celui-ci enferme les deux partenaires derrière une sorte de mur : chacun croit que l'autre pense ou dit certaines choses, alors que ce n'est pas le cas.

La thérapie consiste à ce stade en un travail de « traduction », pour parvenir à repositionner les deux membres du couple sur une même longueur d'onde et pour que naisse un véritable échange, en remplacement du dialogue de sourds issu des projections. Le but sera de prendre conscience de ce que nous projetons (notre père, notre mère, notre frère, notre sœur...) et des raisons pour lesquelles nous avons eu besoin de faire ces projections – sinon nous recommencerons à la première occasion, s'il le faut avec un autre partenaire.

Ainsi, chacun tentera de sortir des accusations réciproques : « C'est de ta faute si... Mon problème, c'est toi ! », dans une démarche de responsabilisation par rapport à sa propre vie.

La réévaluation des positions dominant / dominé

Lorsque les projections ont été levées, on assiste généralement à une évolution des positions au sein du couple.

Ainsi, celui qui projetait son père ou sa mère sur son conjoint et qui rejouait une situation d'enfance dans laquelle il était effectivement dominé, sans moyen pour faire changer les choses, se sentait par exemple dominé et frustré de l'être. Sans les projections, nous revenons généralement à plus d'écoute, plus de respect de l'autre, et à une découverte de ce qu'il est véritablement. Ce passage peut s'avérer particulièrement délicat si le couple était entièrement fondé sur un rapport sadomasochiste découlant de ce genre de situation. Il se peut que le désir ne trouve plus son compte dans la nouvelle configuration. En effet, le problème des situations sadomasochistes est que le désir s'y ancre, comme il s'y ancrait dans l'enfance. Il peut aussi arriver qu'un véritable désir, mature et partagé, prenne naissance.

La dynamique de la relation

« *A relationship is like a shark ; it has to constantly move forward, or it dies. What we have got on our hands is a dead shark.* », disait Woody Allen dans *Annie Hall*. Comme un requin dans la mer, une relation doit toujours avancer, aller vers quelque chose, se construire, sinon elle meurt. Les couples arrivent en thérapie à l'occasion d'un blocage de la dynamique, qui se manifeste souvent par des problèmes sexuels ou une exaspération des conflits. Savoir de quoi était faite la dynamique de base de la relation permet d'y revenir, de la transformer si besoin, et de la relancer. Pour cela, diverses questions seront abordées :

▶ Il est important tout d'abord de revenir au « mythe fondateur » du couple : qu'est-ce qui a réuni les deux membres du couple ? Vers quoi chacun voulait-il tendre à travers l'entité *couple* ? On regardera alors si ces aspirations ont été tout ou partiellement réalisées, et aussi si les deux partenaires ont individuellement évolué, par rapport à ces aspirations et dans leur vie en général. Certaines évolutions peuvent en effet nous séparer de la personne choisie des années auparavant ; d'autres, au contraire, nous rapprocher d'elle. Si les partenaires ont mûri, changé, leurs attentes ont-elles été modifiées et leur conjoint peut-il encore les satisfaire ?

▶ En lien avec la question précédente, nous nous interrogerons aussi sur leur philosophie de la vie aujourd'hui, le sens de leur existence, et ce que la relation peut leur apporter dans la mise en adéquation de leur vie et de leur philosophie. Il sera ainsi utile de clarifier ou de redéfinir le projet commun du couple. Souvent, en effet, le seul projet d'avoir des enfants s'avère insuffisant à nourrir la relation. De plus, il peut venir couvrir des déséquilibres ou des manques, qui par ailleurs pèseront au quotidien. Nous pouvons par exemple vouloir des enfants pour avoir du pouvoir dans le monde, une position sociale, pour affirmer notre personnalité, pour faire comme nos parents ou mieux qu'eux, etc. Dans tous ces cas, les manques ne seront pas comblés par les enfants, puisqu'il n'est pas de leur ressort de soigner leurs parents, et les problèmes ne feront qu'être multipliés à court ou moyen terme.

Il sera donc utile dans une thérapie d'évaluer la manière dont le nouvel équilibre peut tenir compte des évolutions de chacun et intégrer leurs aspirations, ce qui créera de fait une dynamique puissante, peut-être à travers de nouveaux projets communs.

L'épanouissement sera au rendez-vous si chacun peut se déployer dans, par et au-delà de la relation. Le couple peut ainsi servir de formidable tremplin à notre développement, s'il sait à la fois nourrir nos besoins affectifs, et respecter et soutenir profondément ce que nous sommes. Chacun peut alors grandir dans une sérénité affective qui crée des racines solides, et à partir de là, manifester sa créativité dans la relation, et se sentir plus fort à l'extérieur.

Pour cela, il est souvent nécessaire de ne pas s'adapter à l'autre démesurément, mais au contraire de l'écouter et d'affirmer ce que l'on est, à travers davantage de dialogue et l'expression de ses sentiments. Cela ne signifie pas qu'il ne faille pas faire de compromis, mais simplement que chaque compromis doit être conscient, voulu et bien compris, afin de ne pas générer un système sacrificiel qui fomente la colère et les phrases comme : « Après tout ce que j'ai fait pour toi… », « On a toujours fait tout ce que tu as voulu ! », etc.

Si nous ne nions pas ce que nous sommes pour nous faire aimer, ou inversement si nous ne nions pas l'autre pour le pousser à nous prouver son amour, nous pouvons être dans la pleine possession de nos moyens, responsables de nos choix. La dynamique du couple en dépend, car si nous sommes conscients de nos agissements et de nos désirs, nous pouvons exercer cette créativité si importante aux relations pour briser la routine.

La thérapie pourra aider à retrouver ce mouvement interne de propositions et de construction et l'encourager. Cela peut aller du simple mot doux inattendu à des propositions de sorties ou de vacances, en passant par une diversification des pratiques sexuelles, et bien d'autres choses encore. Ce qui compte, c'est l'attention portée à la relation et à l'être aimé. La thérapie permet de renouer cette dynamique en retrouvant une attention à soi-même au préalable, car c'est souvent par manque d'attention envers nous-mêmes que nous manquons d'attention envers notre couple.

La pulsion dans le couple

Fondamentalement, comment le désir renaît-il ?

Souvent, les personnes qui viennent en thérapie de couple ne se sentent plus désirées par leur conjoint, et attendent que le thérapeute fasse renaître ce désir pour elles. Évidemment, un coup de baguette magique est impossible, mais cette croyance permet de clarifier les enjeux de désir du couple et de rétablir les parts de responsabilité. La position de chacun des conjoints sur la notion de désir en général apparaît alors clairement.

Une question importante, souvent soulevée en thérapie, peut se résumer en ces termes : pensons-nous que le désir est créé par le manque, et donc que le couple va naturellement à l'encontre de celui-ci, ou d'autres perspectives peuvent-elles être envisagées ? Les positions inconscientes sur ce sujet – que le thérapeute essayera de mettre à jour – reflètent bien sûr l'état des conflits inconscients, notamment œdipiens de chacun.

Certains peuvent croire que le désir, c'est le manque au sens strict du terme (et non au sens lacanien). Selon eux, l'amour véritable doit être soit malheureux soit court, à l'instar de Roméo et Juliette, Tristan et Yseut, ou encore Don Juan. Si l'un des membres du couple ou les deux sont partis sur ces bases-là, pensant qu'ils vivaient une passion au jour le jour et seulement cela, se pose à un moment la question de la suite. Quand il n'y a plus les empêchements, le manque de l'autre, la souffrance, est-il encore intéressant de désirer l'autre ? Désirait-on vraiment l'autre pour ce qu'il était ou à cause de la situation et de ce qu'il y représentait ?

Lacan a développé le concept de manque lié au désir dans un sens différent. Selon lui, le désir en soi est toujours lié à quelque chose qui échappe et échappera toujours. Il l'a appelé l'« objet (a) », objet cause du désir qui nous fonde, que nous cherchons en l'autre ou dans le monde mais que nous ne saisissons jamais, car il est le fondement de notre être et de son mouvement.

On constate le plus souvent, qu'une fois les projections « nettoyées » et les malentendus dissipés, le désir est le fruit d'une intimité, d'une compréhension réciproque et d'un véritable partage émotionnel, passant par l'expression de ses émotions.

Nous avons des difficultés à exprimer vraiment nos émotions à l'autre, mais lorsque nous y parvenons, lorsque nous osons montrer qui nous sommes, avec nos forces, nos faiblesses, nos contradictions et nos blessures, l'autre a alors la possibilité de nous aimer véritablement, au-delà des faux-semblants souvent liés à ce que nous cachons, par honte ou par culpabilité.

La thérapie de couple a pour but de développer cet échange entre les deux partenaires, pour approfondir le partage. Le pari est que le désir naît de cette forme d'amour-là, qui est un amour de l'autre pour ce qu'il est, dans sa différence et son infinie complexité. Il est d'ailleurs souvent nécessaire de « traduire » le « langage homme » en « langage femme », et réciproquement, pour y parvenir. L'homme attend par exemple que la femme veuille faire l'amour pour se sentir aimé, tandis qu'elle attend qu'il lui donne des mots d'amour pour se sentir aimée et avoir envie de faire l'amour... et chacun campe sur sa position dépressive.

Il est important également de remarquer et d'intégrer la partie masculine de la femme et la partie féminine de l'homme, de les rendre conscientes, de les faire dialoguer et de les satisfaire, car une relation est toujours un échange entre au moins quatre personnages. L'amour est fondé sur les liens de chacune des parties entre elles.

*
* *

Alors, le désir peut-il repartir s'il s'est arrêté ?

▷ Non, si cela fait trop longtemps que le couple s'est enfoncé dans l'incompréhension et la solitude, et s'il a évolué vers d'autres amours.

▶ Oui, si l'amour est suffisant et qu'il n'est pas trop tard pour rétablir le dialogue.

La thérapie de couple n'est pas une recette magique de sauvetage des couples, c'est un processus, autorisé par un cadre et voulu par les trois intervenants (les deux conjoints et le thérapeute), qui permet la reprise d'un dialogue et l'analyse d'une situation complexe car liée à l'inconscient des partenaires. Il en ressort ce qu'il doit en ressortir pour le couple, une redynamisation de la relation ou son arrêt, en fonction des besoins véritables des protagonistes, besoins souvent voilés par les difficultés des situations de transition et la peur qu'elles provoquent. Or la peur est toujours source de blocages. Le processus thérapeutique, par la mise à jour des enjeux inconscients, a pour but de surmonter cette peur et de reprendre contact avec soi-même, et donc avec l'autre. Cependant, le mystère de l'amour restera toujours entier, car il est en soi la force de vie.

Médiations en famille

Marthe Marandola et Geneviève Lefebvre Decaudin

Une métaphore guerrière

« Lorsque les nations se font la guerre pour soutenir leurs prétentions réciproques, on donne le nom de médiateur à un souverain ou à un État neutre qui offre ses bons offices pour ajuster les différends des puissances belliqueuses, pour régler à l'amiable leurs prétentions et pour rapprocher les esprits des princes [...]

Le rôle de conciliateur est le plus beau qu'un souverain puisse jouer ; aux yeux de l'homme humain et sage, il est préférable à l'éclat odieux que donnent des victoires sanguinaires, qui font toujours des malheurs pour ceux mêmes qui les remportent, et qui les achètent au prix du sang, des trésors et du repos de leurs sujets. »

Ce texte est extrait de l'*Encyclopédie* de Diderot et d'Alembert, éditée entre 1751 et 1772, il définit le mot *médiateur*.

Pour ces philosophes des Lumières, le *conciliateur* serait donc plus grand que le prince guerrier... Pourtant, l'histoire retient le nom du second et oublie le premier. L'éclat des victoires résonne loin dans les siècles, et les peuples célèbrent longtemps leurs souverains dont l'action a fait couler le sang, arracher des fleuves de larmes et monter des cris de détresse. La guerre est peut-être née en même temps que l'espèce humaine... et avec elle, le pouvoir, la conquête et toutes les manœuvres de destruction et de mise en esclavage.

À l'instar des encyclopédistes des Lumières, il y a sans doute eu très vite dans l'espèce humaine des êtres capables d'établir des comparaisons entre les gains obtenus par la guerre, les pertes subies et le résultat espéré. Ils ont pu faire un bilan sans appel : la guerre amène une autre guerre, les victoires sont de peu d'utilité et les triomphes sont fragiles et temporaires. Au-delà de l'apparence immédiate, il est facile de discerner les conséquences funestes des combats : la haine durablement semée, l'engloutissement des énergies dans les luttes incessantes, l'affaiblissement des plus grands empires qui ont à soutenir sans répit ce qui a été si difficilement conquis.

La guerre n'est jamais une bonne affaire pour les nations. Des êtres lucides ont alors imaginé d'autres façons d'agir que la confrontation frontale : la conciliation, la discussion ou la négociation, tout ce qui transforme l'ennemi d'hier en nouveau partenaire.

Inventer l'équilibre

Après s'être appelée *sagesse, compromis, marchandage, art du traité, ruse, moyens habiles, non-violence, intelligence de l'action, contrôle de la force*, la *médiation* recouvre aujourd'hui ces notions si diverses. Toutes ont pour point commun l'idée que des adversaires, aussi opposés soient-ils, peuvent faire l'économie d'une destruction réciproque : c'est la grande notion de l'équilibre des contraires. Cet équilibre fragile et temporaire, inventé, parfois bricolé de toutes pièces, a pour principale fonction de passer un cap dangereux. Un accord – pas toujours parfaitement équitable, mais offrant une stabilité suffisamment longue pour que la vie puisse continuer – permet l'émergence d'une nouvelle dynamique d'action et de changement.

La médiation est une pause au bord d'un gouffre, un pas de côté avant qu'il ne soit trop tard, une chance nouvelle offerte aux lutteurs. Ne vaut-il pas mieux se mettre d'accord, cahin-caha, plutôt que de s'entre-tuer ? Savoir négocier est un signe d'intelligence, un acte de courage, davantage que la lutte à tout prix qui ne mène qu'à la ruine de tous.

La médiation est un combat

Depuis une dizaine d'années en France, les termes *médiation* et *médiateur* ont pénétré tous les secteurs de la vie sociale : les écoles, les quartiers, les institutions, la justice, les entreprises, les couples, les familles… La médiation est ainsi mise à toutes les contributions et utilisée à des fins multiples, ce qui entraîne forcément de mauvaises compréhensions et des applications douteuses.

Disons-le tout de suite, la médiation n'a rien :

▸ du consensus mou : « tenez-vous en au plus petit dénominateur commun » ;

▸ de la soumission : « soyez gentil » ;

▸ du contrôle : « c'est comme cela qu'on doit faire » ;

▸ de la morale : « aimez-vous ».

La médiation est bien une figure de la stratégie de lutte, parce qu'elle n'a pas de raison d'être sans l'existence d'un conflit, d'une opposition et d'un péril. Elle n'est pas éloignée du combat, elle est même au cœur du cyclone, au plus près des plaies à vif, des reproches, de la colère, de la peur, de la haine. Mais, contrairement à la guerre, elle ne fait pas de victimes. Le médiateur n'est pas situé à la place du juge hors d'atteinte, ni à celle de l'arbitre protégé par son statut. Il n'a aucun moyen de pression, confronté au tourbillon des émotions et des manipulations, dans la tourmente d'un combat entre des individus qui vident leur sac comme on viderait le chargeur d'un revolver. Sa seule arme est sa qualité d'être : sa présence, son écoute et sa vigilance, pour que, enfin, les passions s'apaisent.

Comme chacun a pu en faire l'expérience et comme le prouvent chaque jour les faits divers, les guerres des nations et les luttes familiales se font avec autant d'intensité. Le sang coule, au sens propre par le crime et au sens figuré par la douleur mortifère de l'amour déçu. Les liens de sang sont des liens puissants, aux intrications douloureuses et complexes à dénouer. Ces liens, normalement destinés à la solidarité, sont transformés en instruments de tourment par une malédiction de « mal amour ».

Nous continuons à nous écorcher les uns les autres, à la fois empêchés de nous aimer vraiment et incapables de rompre, comme ces souverains menant entre eux des luttes mortelles tout en perpétuant, comme si de rien n'était, leurs transactions commerciales, culturelles, voire amoureuses.

Un lieu pour dire et entendre

Depuis plusieurs années, nous pratiquons des médiations entre membres d'une même famille.

La plupart du temps, se trouvent devant nous le couple parental – vivant séparément ou non – et leurs enfants. L'un des membres de la famille a entrepris la démarche, a osé prendre le téléphone, appeler, dire à une personne étrangère les mots longtemps retenus : « Ça ne va pas... C'est trop difficile... scènes... cris... problèmes... Nous ne pouvons plus... Je me sens mal. » C'est souvent la mère, avouant ne plus pouvoir tenir le rôle de celle « qui tient tout et empêche les disputes », se sentant « abandonnée, incomprise... » ou angoissée car « un des enfants va mal, il nous fait peur, il fait des choses interdites ». L'appel vient plus rarement de l'homme. Pourquoi ? Peut-être parce qu'il craint d'être jugé, confronté à des femmes médiatrices comme devant un tribunal dominé par le sexe opposé.

Enfin, ils sont là. Sur la petite table, bien en évidence, nous avons volontairement posé notre livre, intitulé *L'intimité, ou comment être vrai avec soi et les autres*[1]. C'est en effet de cela dont nous allons parler : l'intimité des corps et du cœur, la proximité émotionnelle, la cohabitation spatiale, l'entrecroisement des rêves, des désirs, des besoins avec la réalité, la confrontation de différentes représentations du monde, bâties sur l'histoire singulière de chacun. Si ces personnes sont là, si elles ont répondu « présent » à une demande de médiation venant d'une des leurs, c'est bien parce que le manque de cette intimité si réparatrice provoque en chacun de la souffrance, du mal-être, de l'angoisse.

Le chemin de la réparation, le « comment faire pour aller mieux ensemble ? » est devenu quasi impraticable. Chacun tourne en rond ; les discours sont brouillés par une sorte d'incompréhension énervante, qui conduit à mal traduire les mots se voulant apaisants et à interpréter « de travers », donnant naissance à de nouvelles blessures, creusant un fossé de rancœur et de solitude aggravées.

---

1. MARANDOLA M. et LEFEBVRE DECAUDIN G., *L'intimité, ou comment être vrai avec soi et les autres*, JC Lattès, 2004.

Les premières minutes de la médiation sont un moment important durant lequel nous pouvons lire dans les regards la méfiance, voire l'hostilité, la souffrance ou les attentes irréalistes. C'est le moment de rassurer celui qui craint d'avance d'être condamné, celle qui a peur de devoir exprimer des choses difficiles, les enfants qui adoptent une position de défense d'un de leur parent ou de repli sur eux-mêmes.

Nous posons alors le cadre et les règles de la médiation. Les règles sont si simples que même des enfants très jeunes les comprennent immédiatement et s'en emparent. Nous ouvrons un espace de parole, délimité par notre petit groupe. L'échange est comme ritualisé, de façon à être inhabituel, déconnecté des traditionnelles joutes verbales dont sont si friandes les familles (pour leur plus grand malheur !). Ici est un ailleurs : la médiation est un pays dans lequel il est possible de dire sans agresser, d'entendre sans interpréter.

Qui parle en premier ? Par principe, nous donnons la parole à celui ou celle qui a demandé la médiation. Peu importe, le processus est en route. Premier fruit de la médiation : l'un parle et les autres l'écoutent. Bien sûr, cette prime écoute est encore celle durant laquelle on prépare sa répartie, sa défense, sa propre interprétation des évènements, sans bien entendre encore, tout entier absorbé par la suite à donner. Cependant, contrairement à ce qui se passe à la maison, l'orateur n'est pas interrompu – nous y veillons – et peut développer son idée jusqu'au bout.

Nous en sommes à l'exposé des faits. L'étape de la plainte et du reproche est incontournable et dure tout le temps nécessaire. Aucune intimité ne peut se bâtir avec des émotions refoulées, des faits restés « en travers de la gorge », des silences pesants et des plaies encore ouvertes dues à des remarques particulièrement blessantes et humiliantes. À l'image des peuples devant honorer leurs morts, pleurer leurs deuils, reconnaître la totalité de leur passé — le bon comme le mauvais —, il est impossible pour un être d'entrer dans une nouvelle phase relationnelle sans avoir dit ce que fut son cheminement. De même, il est impossible pour une famille de franchir une nouvelle marche sans avoir rompu le silence et dit le mal et la douleur.

La mise à jour d'un non-dit collectif

Le processus de médiation est en route, c'est à chaque fois une nouvelle et étrange aventure.

Cédric a quatorze ans. Il fugue, ne veut plus aller à l'école, fume du cannabis, boit de l'alcool, se tait. Dès la première demi-heure de médiation, quelques éléments s'imposent clairement : la panique des parents ; le père pleurant, menaçant de partir, voire de se suicider ; la mère agrippée à sa volonté de tout faire pour remettre Cédric « dans le droit chemin » ; l'angoisse de son frère et de sa sœur. Cédric est muré, buté, recroquevillé sur une souffrance intérieure obscure… Doucement, par une écoute et des questionnements attentifs sans aucun jugement, nous mettons au jour quelques dynamiques à l'œuvre, de façon à ce que chacun les perçoive nettement :

▶ la détresse du père jugée comme une faiblesse par le fils et provoquant chez lui des montées de colère et d'alarme ;

▶ la honte enfin avouée d'avoir un enfant en échec scolaire ;

▶ le chagrin nié et retenu suite à la mort d'un grand-père aimé…

À la fin de la médiation, Cédric pleure à gros sanglots dans les bras de sa mère. Venu très à contrecœur pour — croyait-il — une énième leçon de morale, il a été touché par l'absence de jugement de tous les adultes présents. Chacun repart avec quelque chose à accomplir dans les semaines à venir, un nouveau « contrat » de vie à essayer.

Cédric n'est jamais retourné à l'école. Deux ans plus tard, à seize ans, embauché comme apprenti maçon, il se lève pour la première fois de bon cœur à six heures du matin pour accomplir de dures journées de travail. Après plusieurs stages réussis, il est décidé aujourd'hui à devenir un homme du bâtiment, spécialisé dans les matériaux écologiques. Pour en arriver là, il y a eu trois séances de médiation communes, quelques rendez-vous en particulier, un suivi et un travail personnel de la part des parents. Ces derniers sont revenus sur leur propre enfance pour interroger leurs représentations, leurs préjugés et leurs croyances. Ils ont eu la grande intelligence de comprendre que la crise de Cédric était aussi la leur.

En cela, la médiation applique un des principes de la dynamique de groupe et de la systémie[1] : le « déviant », celui qui commet la faute, manifeste en réalité un malaise global, un non-dit collectif. Dès lors, il n'y a plus un accusé seul face aux autres, mais un ensemble de personnes unies par un lien d'affection, chacune assumant sa responsabilité individuelle et agissant pour elle-même, pour son évolution positive. Le mieux-être de Cédric est aussi celui de ses parents et de sa fratrie. C'est un point important de l'acte de médiation : il n'y a pas de perdant. En définitive, chacun a obtenu un plus : une meilleure connaissance de lui-même, une qualité de vie, l'expression de ses émotions. Le groupe, le système, a gagné davantage de cohésion et de tendresse.

---

1. Thérapie familiale prenant en compte l'ensemble du système familial.

La place singulière de la médiation

Les médiatrices que nous sommes ne sont pas chargées de trouver des solutions ou d'obtenir absolument un résultat. Il arrive que la médiation entreprise par un couple signe sa séparation, mais il est certain que celle-ci se fera dans la dignité et le respect de l'amour partagé pendant un temps. Si des enfants sont en jeu, la médiation permet une prise en compte véritable de leurs intérêts tant affectifs que matériels.

Par ailleurs, la médiation est parfois impossible, car il faut être deux pour signer un acte de paix. Trop de colères et de regrets inexprimés empêchent de passer à l'étape suivante. Il est parfois aussi trop tôt : il faut encore de la guerre et des cris, des reproches et des pleurs… comme deux nations ayant besoin d'être vraiment certaines que la victoire par les armes est impossible. Il est nécessaire à ceux-là de s'éprouver encore par la force. Ne voyez dans ce constat nul jugement de notre part. Nous savons pertinemment, pour l'avoir éprouvé et vécu maintes fois, qu'il y a un temps pour chaque chose. Rien ne se fait dans la hâte, ni par simple acte de volonté.

Il existe un autre cas de figure dans lequel la médiation se révèle inopérante : lorsque l'un des demandeurs présente une psychopathologie relevant du domaine de la psychothérapie, voire de la psychiatrie. La médiation est un acte thérapeutique par les prises de conscience suscitées, mais elle ne peut en aucun cas remplacer un traitement. Cette remarque est d'ailleurs valable dans tous les cas : le travail sur soi est inévitable pour qui veut vraiment obtenir une meilleure qualité relationnelle. Il est obligatoire si une personne révèle un grave trouble du comportement.

Nous mettons parfois fin à une médiation parce que, de toute évidence, l'une des parties concernées s'en sert à des fins de manipulation, ou encore parce qu'aucun effort sérieux de transformation n'est entrepris par les protagonistes.

En dehors de ces cas, tout compte fait assez rares, il faut dire l'incroyable force de la médiation, la libération des énergies qu'elle engendre, le bien-être acquis par la communication retrouvée.

Nous menons des médiations dans tous les milieux, pour des personnes de tout âge. Nous formons des salariés, des travailleurs sociaux, des infirmières, des thérapeutes... À chaque fois, la médiation leur apparaît comme un exercice difficile mais palpitant, riche d'enseignement de tolérance.

*
* *

Comment définissons-nous notre place ? Thérapeutes, nous sommes aussi des écoutants, des témoins, des miroirs tendus à des êtres en détresse, emmêlés dans les fils d'une histoire devenue labyrinthe. Nous les aidons à y voir clair, à y mettre leurs mots et leur sens. Nous sommes là pour encourager la parole, confiants dans le désir profond de tout être humain d'aimer et d'être aimé. Utopistes ? Idéalistes ? Oui, certainement, à l'image de ces hommes et de ces femmes voulant croire, encore et encore, à la vertu de la parole à la place des armes, à l'extraordinaire pouvoir de la pensée pour imaginer sans cesse de nouvelles solutions en faveur de la vie, telles des plantes vivaces trouvant leur chemin et leur source dans le pire des environnements.

N'être dans un couple

« Tous les hommes sont menteurs, inconstants, faux, bavards, hypocrites, orgueilleux ou lâches, méprisables et sensuels ; toutes les femmes sont perfides, artificieuses, vaniteuses, curieuses et dépravées ; le monde n'est qu'un égout sans fond où les phoques les plus informes rampent et se tordent sur des montagnes de fange ; mais il y a au monde une chose sainte et sublime, c'est l'union de ces êtres si imparfaits et si affreux[1.] »

À l'instar de Perdican dans son grand monologue du jeune premier, nous n'avons pas cherché à flatter la nature humaine, mais à en extraire la quintessence. Cette dernière se caractérise par une extraordinaire plasticité, d'où sa capacité à transcender les poncifs déprimants du discours ambiant par la créativité. Chaque couple peut alors puiser dans les ressorts de son imagination la matière qui lui permettra de se réinventer à l'aune de sa spécificité.

L'imperfection pointée par Alfred de Musset est l'aiguillon du désir qui, pour être vivant, n'en demeure pas moins fragile. Un manque de vigilance le laisse se déliter, quand il ne se tourne pas vers d'autres promesses… Ceux qui prennent la miction pour une activité collective et celles qui se fournissent en lingerie chez une grande enseigne de vêtements pour enfants le savent bien. Il leur suffit de lire dans l'œil morne de leur conjoint !

---

1. MUSSET A. (DE), *On ne badine pas avec l'amour*, Pocket, 2005.

Face à cette traque laborieuse, on peut exciper d'un mal de tête pour rendre les armes à la première difficulté. Le couple est une gageure, une profession de foi nommée *Efforts*, « mais on aime, et quand on est sur le bord de sa tombe, on se retourne pour regarder en arrière, et on se dit : j'ai souffert souvent, je me suis trompé quelquefois, mais j'ai aimé[1] ».

Sarah Grizivatz

---

1. *Ibid.*

Bibliographie

ABRAHAM K., *Œuvres complètes,* vol.2, Payot, 2000.

ANZIEU D., *Créer, détruire,* Dunod, 1996.

ANZIEU D., PONTALIS, J.-B., *L'amour de la haine,* Gallimard, 2001.

ARENDT H., *Le concept d'amour chez Augustin,* Rivages, 1996

ARISTOTE, *Éthique à Nicomaque,* Flammarion, 2004.

ARISTOTE, *Physique I,* Les Belles Lettres, 1991.

BALINT M., *Amour primaire et technique psychanalytique,* Payot, 2001.

BOURRY D'ANTIN M., PLUYETTE G., BENSIMON S., *Arts et techniques de la médiation,* Litec, 2004.

BOWLBY J., *Attachement,* vol. 1-3, PUF, 2002.

BRAZELTON T. B., CRAMER B., *Les premiers liens,* LGF, 1992.

BYDLOWSKI M., *La dette de vie,* PUF, 2005.

BYDLOWSKI M., « Facteurs psychologiques dans l'infertilité féminine », *Gynécologie obstétrique et fertilité,* mars 2003.

COUCHARD F., SIPOS J., WOLF M., *Phobie et paranoïa,* Dunod, 2005.

DE TYCHEY C., LIGHEZZOLO J., *La résilience,* In Press, 2004.

DUPEREY A., *Le voile noir,* Le Seuil, 2003.

FAURE-PRAGIER S., *Les bébés de l'inconscient,* PUF, 2004.

FEDIDA P., *Des bienfaits de la dépression,* Odile Jacob, 2001.

FEDIDA P., *Par où commence le corps humain*, PUF, 2000.

FOUCAULT M., *Histoire de la sexualité*, tome 2, Gallimard, 1997.

FREUD S., *Malaise dans la civilisation*, in *Œuvres complètes*, tome XVIII, PUF, 1971.

FREUD S., *Malaise dans la culture*, PUF, 2004.

FREUD S., *Névrose, psychose et perversion*, PUF, 2002.

FREUD S., *Nouvelles conférences d'introduction à la psychanalyse*, Gallimard, 1989.

FREUD S., « Quelques conséquences psychiques de la différence des sexes au niveau anatomique » in *Œuvres complètes*, XVII, PUF, 1992.

FREUD S., *Résultats, idées, problèmes*, vol. 1, vol. 2, PUF, 1991, 2002.

FREUD S., *La technique psychanalytique*, PUF, 1992.

FREUD S., *Totem et tabou*, Payot, 2005.

FREUD S., *Trois essais sur la théorie sexuelle*, Gallimard, 1989.

FREUD S., *La vie sexuelle*, PUF, 1992.

GOETHE J. W. (VON), *Les affinités électives*, Gallimard, 1998.

GUYOMARD P., *La jouissance du tragique*, Aubier, 1992.

HAMILTON E., *La mythologie*, Marabout, 1998.

HUSTON N., *Journal de la création*, Actes Sud, 2001.

JURANVILLE A., *La femme et la mélancolie*, Paris, PUF, 1993.

KLEIN M., *Essais de psychanalyse*, Payot, 1989.

KLEIN M. et RIVIERE J., *L'amour et la haine*, Payot, 2001.

LACAN J., *Autres écrits*, Le Seuil, 2001.

LACAN J., *Écrits*, Le Seuil, 1966.

LACAN J., *Le séminaire, tome 4 – La relation d'objet*, Le Seuil, 1994.

LESSANA M.-M., *Entre mère et fille : un ravage*, Pauvert, 2000.

LUCRÈCE, *De la nature*, Imprimerie Nationale, 2000.

MARANDOLA M. et LEFEBVRE DECAUDIN G., *L'intimité, ou comment être vrai avec soi et les autres*, JC Lattès, 2004.

MUSSET A. (DE), *On ne badine pas avec l'amour*, Pocket, 2005.

NAOURI A., *Le couple et l'enfant*, Odile Jacob, 2005.

NEWTON, *Principia – Principes mathématiques de la philosophie naturelle*, Dunod, 2005.

PLATON, *Le banquet*, Librio, 2005.

PLATON, *Lysis*, Les Belles Lettres, 1999.

PROUST, *À la recherche du temps perdu*, Gallimard, 1999.

PROUST, *Psychologie de la violence*, coll., Studyrama, 2005.

RONY J.-A. *Les passions*, PUF, 1994.

ROUGEMONT D. (DE), *L'amour et l'Occident*, 10/18, 2001.

ROUSSEAU J.-J., *Les confessions*, Hachette Éducation, 2002.

SARRAUTE N., *Enfance*, Gallimard, 1985.

STENDHAL, *De l'amour*, GF Flammarion, 1985.

SPINOZA, *Éthique*, Éditions de l'éclat, 2005.

Tristan et Yseut, les premières versions européennes, coll., Gallimard, 1995.

WIDLÖCHER D., (sous la direction de) *Amour primaire et sexualité infantile*, Paris, PUF, 2000.

WOLF-FÉDIDA M., « Les perversions sexuelles : psychopathologies des délinquants sexuels », in *L'agresseur sexuel : problématiques et prises en charge, tome 2*, (sous la direction d'E. BACCINO, P. BESSOLES), Quercy, Les éditions du Champ social, 2002.

WOLF-FÉDIDA M., *Amour, identité et changement*, M3W Fedition, 2005.

WOLF-FÉDIDA M., *La télé, c'est vous !*, M3W Fedition, 2005.

www.ingramcontent.com/pod-product-compliance
Lightning Source LLC
Chambersburg PA
CBHW070912270326
41927CB00011B/2539